인생은 피아노와 같습니다.
당신이 그것을 어떻게 플레이하느냐에 따라
당신이 얻을 수 있는 것이 달라집니다.

알버트 아인슈타인

사랑받는
대화법

사랑받는 대화법

조한겸 지음

마음을 연결하는
4단계
공감 대화법

pazit

프롤로그

사랑받는 대화, 마음이 연결되는 순간을 느껴보세요

드라마 '나의 해방일지' 주인공 염미정은 인간관계의 어려움을 느끼며 살아가고 있는 인물입니다. 그는 사람들 사이에서 언제나 그 누구의 주목도 받지 못한 채 조용히 겉도는 '주변인'이었습니다. 사내 동호회 활동을 강요하는 회사, 거칠고 무례한 피드백을 일삼는 상사, 자신을 은근히 소외시키는 또래 동료 무리들, 돈을 빌려 간 후 잠수를 타버린 전 남자친구까지 염미정은 모든 관계가 버겁고 힘이 듭니다. 눈 뜨고 있는 모든 시간이 마치 노동을 하고 있는 것만 같습니다. 어디에 갇힌 것 같이 답답하고 갑갑하여 뚫고 나가고 싶은데 어디를 어떻게 뚫어야 할지 모르겠다고 합니다. 한 번쯤 진짜로 행복해서 '이런 게 인생이지, 이런 게 사는 거지'라고 말할 수 있는 그런 순간을 맞이하고 싶다고 말입니다. 현대사회에서 다양한 인간관계를 맺으며 살아가는 현대인이라면 누구나 한 번쯤은 염미정의 이런 감정을 느껴봤을 것입니다.

최근 가장 행복했던 때를 한 번 떠올려 보십시오. 아마 사랑하는 사람, 친구, 지인들과 함께 삶의 이야기를 공유하면서 소중한 시간을 보냈던 때가 떠오르지 않으시나요? 심리학자들은 인간이 행복을 느끼는 순간은 마음과 마음이 깊이 있게 연결, 접촉되는 순간이라고 입을 모아 말합니다. 그리고 마음의 연결을 위해서 가장 필요한 것이 바로 경청과 공감입니다. 자기 이야기만 하는 것이 아니라 상대방의 이야기를 잘 들어주고 공감하는 것만으로도 충분히 사랑받는 대화를 하는 사람이 될 수 있습니다. 일상에서도 더 많은 행복을 느낄 수 있습니다. 그뿐만 아니라 공감은 막혔던 소통과 관계를 푸는 가장 첫 번째 열쇠이기도 합니다.

기업 교육 현장에서 커뮤니케이션 강의를 할 때 학습자가 공감에 대해 효과적으로 학습할 수 있도록 실습하고, 피드백을 합니다. 그 과정에서 종종 학습자들이 눈물을 보이기도 하고, 교육 후에는 감사함과 더불어 공감에 대해 더 구체적으로 배우고 싶다는 내용의 문자, 메일을 보내기도 합니다. 그런 메시지를 받을 때마다 제가 생각했던 것보다 많은 사람들이 관계 갈등에서 해방되고 싶어 하고, 나아가 사랑받는 대화를 하는 사람이 되고 싶어 한다는 사실을 알게 되었습니다.

공감 능력은 선천적으로 타고나는 능력이라고 오해하는 사람들이 많지만 그렇지 않습니다. 공감 능력은 선천적으로 타고나는 능력이 아니라 후천적으로 학습이 필요하고, 또 학습을 통해 능력을 향상시킬 수 있는 영역입니다. 세계적인 비즈니스 컨설턴트이자 전문 연설가인 브라이언 트레이시(Brian Tracy)도 "대화는 당신이 배울 수 있는 기술이다. 그건 자전거를 타는 법을 배우거나 타이핑을 배우는 것과 같다. 만약 당신이 그것을 연습하려는 의지가 있다면, 당신 삶의 모든 부분의 질을 급격하게 향상시킬 수 있다."라고 말했습니다.

만약 내가 현재 다양한 관계 속에서 갈등, 단절, 상처로 인해서 어려움을 겪고 있다면 제일 먼저 마음과 마음을 연결하는 진짜 공감은 어떤 것인지 이해해야 합니다. 그리고 평소 대화에서 나도 모르게 대화를 단절시키는 습관은 없는지 체크해 보고, 있다면 개선하기 위한 마음 자세, 태도를 갖추고 행동해야 합니다. 나아가 타인 연결을 위한 솔직하게 말하고 듣는 방법, 자기 연결을 위한 자기 공감의 구체적인 솔루션을 학습하고 일상에서 끊임없이 적용, 훈련해야 합니다.

사랑받는 대화법은 인간관계의 상처, 염증, 갈등, 단절로부터 해방되고 싶은 우리 모두를 위한 '해방책'이라고 할 수 있습니다. 쉽게 이해하고 학습할 수 있도록 해방법, 즉 공감 대화 방법을 4단계로 나눠 정리하였습니다. 1단계 공감 이해하기, 2단계 장벽 제거하기, 3단계 타인 연결하기, 4단계 자기 연결하기입니다.

1단계 공감 이해하기에서는 사람들이 헛갈려 하고 혼동하는 공감의 유의어와 차이점, 공감의 중요성, 가짜 공감과 진짜 공감의 구분법과 구체적 방법에 대해 다루었습니다.

2단계 장벽 제거하기에서는 평소 우리도 모르게 대화를 단절 시키는 습관 10가지에 대해서 알아보고, 개선할 수 있는 구체적 방법에 대해서 다루었습니다.

3단계 타인 연결하기에서는 커뮤니케이션 과정에서 마음과 마음을 연결하는 4가지 대화 요소—관찰, 느낌(감정), 욕구, 부탁에 대해 알아보고, 4가지 요소로 솔직하게 내 마음을 표현하는 방법과 상대의 말을 공감으로 듣고 솔직하게 내 마음을 표현하는 구체적 방법에 대해 다루었습니다.

4단계 자기 연결하기에서는 분노(화)가 일어났을 때 분노(화)를 지혜롭게 다루고 표현하는 방법, 오랫동안 상처가 될 수 있는 하드코어 말을 들었을 때 부정적 감정과 생각에서 해방될 수 있는 '자기 공감 솔루션', 평소 스스로를 돌보고 에너지를 가득 채울 수 있는 '자기 돌봄 솔루션'에 대해 다루었습니다.

이 책은 챕터1, 챕터2를 순차적으로 먼저 읽기를 권장합니다. 챕터1 공감에 대한 정확한 이해가 바탕이 되어야 챕터2 나도 모르게 대화를 단절시키는 습관 10가지를 이해하고 개선하는데 더 수월할 것입니다. 그 이후 챕터3~4는 순차적으로 읽으셔도 되고, 자신의 상황에 맞춰 선택하여 읽으셔도 무방합니다. 타인과 진정으로 연결되는 대화 방법을 먼저 학습하고 싶으신 분은 챕터3을, 현재 다양한 인간관계 속에서 받은 상처가 커서 타인을 공감하기에는 나의 마음이 아직 열리지 않는 상태라면 자기 공감과 자기 연결에 대한 솔루션을 제시한 챕터4를 먼저 읽으셔도 됩니다.

아이들이 시험을 보고 나서 종종 "아는 건데 틀렸어요."라는 말을 하곤 합니다. 자, 이 말은 진짜 아는 걸까요? 모르는 걸까요?

맞습니다. 모르는 겁니다. 우리가 무엇이든 배우는 것은 어렵지 않습니다. 배운 것을 행동으로 옮겨 진짜 내 것이 될 수 있도록 연습하는 것이 중요합니다. 마찬가지로 사랑받는 대화법 챕터1~4를 배우는 것은 어렵지 않습니다. 그것을 진짜 내 것이 되게 만들려면 일상에서 의식적으로 꾸준히 연습하는 것이 필요합니다. 그런 의미에서 챕터2~4에 제시된 솔루션을 꼭 일상에서 응용하고 활용해 보시기를 권합니다.

직접 경험해야 머리로만 이해하는 데 그치지 않고, 마음으로 깊이 공감이 무엇인지 또 어떻게 하는 것인지 구체적으로 이해할 수 있습니다. 그 과정에서 혹 그동안 나 스스로도 미처 알지 못했던 나의 진짜 마음을 만나는 장면을 만나게 된다면 "아… 그때 내가 그래서 그랬구나!"라고 소리 내어 스스로를 토닥토닥 토닥여 주시기 바랍니다. 관계 갈등으로 인해서 생긴 부정적 감정, 생각으로부터 해방되는 것만으로도 그동안 나를 짓누르던 무거웠던 마음이 한결 가벼워지는 걸 느끼실 수 있을 것입니다.

만약 타인의 마음까지 헤아려 볼 수 있는 마음의 여유가 생긴다면 일상에서 마음 연결 대화 4가지 요소(관찰, 느낌(감정), 욕구, 부탁)를 가지고 솔직하게 말하고, 공감으로 듣기를 지혜롭게 잘 활용하셔서 타인 공감, 타인 연결도 성공하시길 바랍니다. 그동안 나를 힘들게 한 관계 갈등에서 진정한 해방을 맞이하시길 바랍니다. 사랑받는 대화로 마음이 연결되는 그 순간을 꼭 느껴보시기 바랍니다.

나의 해방일지 주인공 염미정의 내레이션처럼 쨍하고 햇볕난 것처럼, 구겨진 것 하나 없이, 우리 모두 행복하기를 진심으로 기원하는 마음으로 책을 집필하였습니다.

자 그럼, 4단계 공감 대화법! 1단계—공감 이해하기 시작해보겠습니다.

저자 조한겸

그들이 원하는 공감을 주어라.
그러면 그들은 당신을 사랑할 것이다.

데일 카네기

챕터1 — 1단계
공감 이해하기

챕터2 — 2단계

장벽 제거하기

1. 우리도 모르게 대화를 단절시키는 습관 10가지

챕터3 — 3단계

타인 연결하기

1. 마음 연결 대화 4가지 요소

2. 4가지 요소로 솔직하게 말하기

3. 4가지 요소로 공감으로 듣기

챕터4 — 4단계
자기 연결하기

세상에서 가장 아름답고 소중한 것은
보이거나 만져지지 않는다.
단지 가슴으로 느낄 수 있다.

헬렌 켈러

챕터 1

1단계

의견이 비록 옳아도 무리하게 남을 설득하려는 것은 현명하지 않다.
사람은 모두 설득당하기 싫어하기 때문이다.

스피노자

공감 이해하기

1

바야흐로 공감의 시대입니다

공감은 도대체 뭘까요?

*

너 나 할 것 없이 공감이 참 중요하다고 말하는데 공감은 도대체 뭘까요? 진정한 공감에 대해 이해하기 위해서는 공감의 구체적인 실천 방법에 대해 학습하기 이전에 개념적 차원에서의 공감의 이해가 선행되어야 합니다. 지금부터 커뮤니케이션의 핵, 정수라고 할 수 있는 공감은 무엇인지에 대해 구체적으로 알아보겠습니다. 우선 공감의 정의에 대해 찾아보면 정말 다양한 정의들을 찾아볼 수 있습니다.

공감은 다른 사람의 생각과 감정을 포함한 내적인 상태를 아는 것이다. 공감은 관찰된 타인의 자세를 취하거나 신경 반응과 일치하는 것이다. 공감은 다른 사람이 느끼듯이 느끼는 것이다. 공감은 자기 자신을 다른 사람의 상황에 투사하는 것이다. 공감은 다른 사람이 어떻게 생각하고 느끼는지 상상하는 것이다. 공감은 다른 사람의 고통을 목격할 때 괴로움을 느끼는 것이다. 공감은 고통을 겪고 있는 다른 사람에 대해 동정하는 것이다.[1] 이렇듯 공감에 대한 정말 다양한 학술적 정의들만 보더라도, 현대사회가 얼마나 공감을 중요하게 생각하고 있는지 그 중요성을 알 수 있습니다.

그러나 문제는 공감을 어떻게 정의하고 교육하고 연구할 것인지에 대해서는 아직 합의된 것이 없다는 점입니다. 그래서 여전히 공감은 모호하고 난해한 개념이고, 공감이란 무엇인가에 대한 답변에 대해서는 학자들 사이에서도 의견이 분분합니다. 공감의 정의에 대해서는 논의하는 학자들만큼이나 다양한 정의들이 존재하는 것이 현실입니다. 인터넷 검색 창에 공감을 검색해 보면 'empathy', 'sympathy'라는 두 개의 영어 단어가 나옵니다. 많은 국내의 연구들을 살펴보면 이 둘의 해석과 구분 또한 의견이 분분합니다. 그리고 번역 과정에서도 두 개념에 대한 혼란이 좀 있지만 일반적으로 'empathy'는 공감, 'sympathy'는 동정으로 비교적 널리 사용되고 있는 추세입니다. 그리고 사람들이 공감과 헛갈려 하는 유의어들도 여럿 있습니다. 그 유의어들은 공감과 어떤 차이가 있을까요? 어떤 차이가 있는지 지금부터 거울로 비유해서 하나씩 살펴보겠습니다.

첫 번째, 'empathy' 공감은 상대가 이야기할 때 옆에서 거울

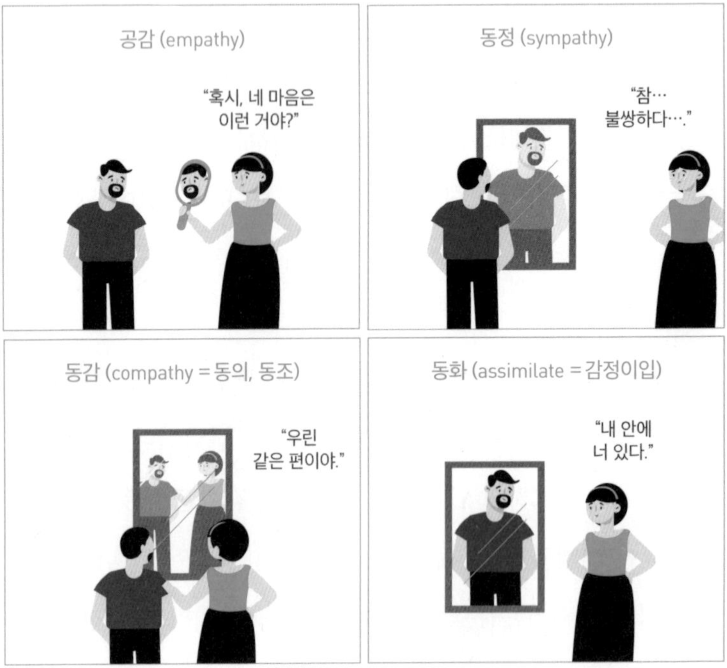

을 들어주고 거울에 비치는 상대의 마음을 들여다보면서 "혹시 네 마음은 이런 거야?"라고 물어보며 마음을 읽어 주는 것입니다. 즉, 상대가 자신의 마음을 깊이 있게 들여다볼 수 있도록 옆에서 거울을 들어 주고, 마음을 읽어 주며 적극적으로 도와주고자 하는 행동입니다. 두 번째, 'sympathy' 동정은 거울 속에 비친 상대의 모습을 조금 거리감을 두고 바라보면서 불쌍하다고 생각하고, 상대를 딱하고 가엾게 여기는 표현을 하는 것입니다. 이런 행동은 다른 사람의 불행이나 슬픔을 보면서 유감을 표현하는 정도에 지나지 않습니다. 그리고 세 번째 'compathy' 동감은 동의, 동조와 같은 말인데 상대와 함께 거울 앞에 나란히 서서 "우린 같은 편이야!"라고 말하는 것입니다. 거울 속에는 같은 편인 두 사람의 모습이 함께 비춰집니다. 이렇게 같은 편이라고 여기는 것이 동감입니다. 마지막 'assimilate' 동화는 감정 이입과 같은 말로써 거울 속에 비치는 상대의 모습 속에 나의 모습이 같이 오버랩(overlap)되는 것입니다. 다른 말로 표현하자면 '내 안에 너 있다.' 이런 말로 표현할 수 있습니다.

이런 다양한 공감의 유의어들은 상대하고의 연결은 될 수 있지만 진정한 의미에서는 공감이 아닙니다. 왜냐하면, 공감은 실질적으로 상대에게 도움이 되어야 하는 것이기 때문입니다. 실질적 도움이란 화자가 청자에게 자신의 이야기를 하고 정서적 교류를 하는 과정에서 그동안 자신도 몰랐던 느낌, 욕구를 인식하게 되면서 자신의 내면을 깊이 있게 들여다볼 수 있도록 이끄는 것입니다. 나아가 화자가 대화 과정에서 스스로 자신의 욕구를 충족시킬 수 있는 다양한 방법을 생각해 내기도 하고, 타인과 진정한 연결에 이를 수 있게 하는 것을 의미합니다. 그런 점에서 'sympathy' 동정, 'compathy' 동감(동의, 동조), 'assimilate' 동화(감정이입)는 공감이 아닙니다.

가여운 건 공감이 아니에요

*

'sympathy' 동정의 사전적 의미는 남의 어려운 처지를 자기 일처럼 딱하고 가엾게 여기고, 정신적으로나 물질적으로 도움을 베푸는 것입니다. 여기 대학을 졸업하고 취업 준비만 5년째 하고 있는 29세 취준생 청년이 있습니다. 자신은 정말 나름대로 열심히 한다고 하고 있지만, 그는 매번 서류에서 광탈하고 맙니다. 친구들은 취업에 성공해서 자리를 잡아 가고 있는데… 도전하는 것마다 매번 떨어지고… 자신만 제자리걸음인 것 같아 마음이 조급해집니다. 청년은 고민하다가 30살이 되기 전에 창업에 도전하기로 결심합니다. 그래서 큰마음을 먹고 대출을 받아 카페를 창업했습니다. 그런데 때마침 코로나19가 터지고 강력한 사회적인 거리 두기 정책으로 인해 손님은 없고, 적자가 쌓여만 갑니다. 청년은 결국 6개월 만에 폐업 신고를 하게 됐습니다. 이렇게 시도하는 것마다 실패하고, 꼬여만 가는 상황 속에서 자신의 속상하고 슬픈 마음을 친구에게 이야기했습니다. 청년의 친구는 이야기를 듣고 "어쩜 넌 이렇게 되는 일이 없니… 하는 일마다 이렇게 실패를 하니… 참 운도 없고… 불쌍하다…."라는 말을 합니다. 안 그래도 취업도 창업도 모두 실패한 자신이 패배한 사람인 것 같은 생각이 들었었는데, 청년은 친구의 이런 동정 어린 말을 듣고 '진짜 내가 패배자구나….' 참담함과 좌절감을 느끼게 됩니다. 그 이후 틈만

나면 나를 가엾고 불쌍하게 여기는 친구의 말이 떠올라 괴롭습니다. 그리고 어느 순간부터는 그 참담한 감정에 매몰되는 것처럼 마음이 한없이 가라앉음을 느낍니다. 이렇듯 동정의 말은 타인의 경험에 대해 유감을 느끼는 정도에 불과합니다. 이런 표현은 진정한 공감이 아니며, 상대방을 깊은 감정에 매몰되게 하여 고통스럽게 만들 뿐입니다. 결과적으로 동정의 표현은 정서적 교류의 장애물이 되었고, 화자가 대화를 통해 자신의 내면을 깊이 있게 들여다보고 앞으로 나아갈 수 있도록 실질적 도움을 주지 못했습니다. 그래서 'sympathy' 동정은 공감이 아닙니다.

생각이 같다고 공감이 아니에요

*

'compathy' 동감, 동조, 동의의 사전적 의미는 어떤 견해나 의견에 대해 같은 생각을 가진다는 뜻입니다. 간혹 우리는 나의 생각과 다른 상대방의 마음에 공감하지 못할 때가 있습니다. 그런 상황을 '공감의 딜레마'라고 합니다.[2] 예를 들어 친구 A, B, C 세 명의 친구가 있습니다. 그런데 친구 A가 B를 만나서 C에 대해 험담을 합니다. 그런데 문제는 B는 A와 같은 생각이 아닙니다. 친구 C에 대한 A의 말에 전혀 동의하지 않습니다. 이런 경우에 자신의 의견과 생각이 다름에도 불구하고, 친구 A를 공감하기 위해서 참고 견디는 것은 공감이 아닙니다. 왜냐하면, 공감은 감정적 반응을 하기 위해 노력하는 것이 아니기 때문입니다. 만약 누군가를 공감하기 위해서 둘 중 한 사람이 없어지는 희생을 바탕으로 하는 것은 공감이 아닙니다. 이것은 감정 노동이라고 할 수 있습니다.[3] 공감은 너도 있지만 나도 있다는 전제에서 시작되는 정서적 교류여야 모두가 행복한 소통을 할 수 있습니다.

반대로 나의 생각이 상대방의 생각과 같은 경우가 있습니다. 이럴 때는 "나는 너랑 같은 생각이야! 나랑 너랑은 같은 편이야!" 라고 리액션도 해 주고 맞장구를 쳐 주기도 합니다. 그러면 당시에는 친구 A가 맞장구를 쳐주고 리액션을 해 주는 친구 B의 말과 행동에 큰 힘을 얻기는 합니다. 그런데 문제는 맞장구와 리액션을 해주는 그 반응을 통해서 친구 A는 '역시 내가 맞아. 내가 옳아.' 라며 자신의 감정, 의견, 생각에 대한 정당성과 확신을 갖습니다. 결과적으로 이런 동감, 동조, 동의의 표현들은 화자가 가지고 있던 어떤 편견에 힘을 실어주게 됩니다. 그뿐만 아니라 화자가 자신의 생각과 틀에 갇히게 될 수도 있습니다. 따라서 'compathy' 동감, 동조, 동의의 표현은 나의 생각이 상대방의 생각과 같거나 달라도 화자가 자신의 생각, 어떤 틀에 갇혀 향후 타인과의 진정한 연결을 못하게 만들 수 있습니다. 그래서 'compathy' 동감, 동조, 동의 역시 실질적인 도움을 주지 못한다는 점에서 공감이 아닙니다.

울어준다고 공감이 아니에요

*

'assimilate' 동화, 감정 이입의 사전적 의미는 성질, 양식, 사상 따위가 다르던 것이 서로 같게 된다는 것입니다. 우리는 공감과 관련해서 일종의 고정관념 같은 것을 가지고 있습니다. '공감은 누가 이야기할 때 중간에 끊지 않고 토 달지 않고 한결같이 끄덕여주는 것이다.', '잘 들어주는 게 공감이다.' 그리고 '척 보면 감정이입이 돼서 눈물을 주르륵 흘리고 상대방의 감정을 똑같이 느끼는 것이 공감이다.'라고 생각합니다. 누군가의 상처나 고통을 대면했을 때, 즉시 감정 이입이 돼서 눈물을 글썽거리는 사람은 공감력이 넘치는 사람이고, 그렇지 않다면 공감력이 떨어진 사람이라고 생각하는 우리 사회의 어떤 고정관념이 있습니다.[3] 그래서 우리가 종종 동화, 감정 이입을 공감이라고 착각합니다. ○○기업에 다니는 이 대리는 몇 년 동안 주말마다 병원에 계시는 아버지 병간호를 하고 있습니다. 평일에는 회사 일로 눈코 뜰 새 없이 바쁜 나날을 보내고, 주말에는 아버지 병간호를 하시는 어머니와 교대를 합니다. 연로하신 어머니가 아버지 병간호를 하다 몸져누우실까 봐 걱정이 돼서… 이 대리는 아무리 힘들어도 꿋꿋하게 주말마다 아버지를 돌봐왔습니다. 어느 날 오랜만에 만난 친구에게 이런저런 근황을 이야기하다가 아버지 이야기를 하게 되었습니다. 친구는 이 대리의 이야기를 듣고 그동안 얼마나 힘들었냐며 당사자인 이 대리보다 더 슬프게 눈물을 펑펑 흘립니다. 이 대리는 자신의 아픔과 슬픔을 함께 해주는 친구에게 고마웠지만 자신보다 더 슬퍼하며 눈물을 흘리는 친구의 모습이 당황스럽기도 했습니다, 또 한편으로는 내가 괜히 울적한 이야기를 꺼내서 친구 기분까지 울적하게 만든 건 아닐까 미안한 생각이 들기도 합니다. 이 대리는 친구에게 뭔가 공감을 받은 것 같기는 한데… 마음 안에서는 아직 해갈되지 않은 무엇인가가 있는 것 같기도 하고… 뭔지 모를 큰 돌덩이를 집에 들고 가는 것 같습니다. 이 사례에서 친구가 한 행동은 공감이 아니라 과한 감정이입입니다.

진짜 상대방의 감정을 똑같이 느끼는 것이 공감일까요? 공감을 잘한다고 하는 것은 상대와 똑같은 감정을 느끼는 상태까지 가야 하는 것일까요? 공감은 똑같이 느끼는 상태가 아니라 상대가 가지는 감정이나 느낌이 그럴 수 있겠다고 수용되고 이해되는 상태입니다.[3] 하지만 보통 사람들은 상대의 감정을 똑같이 느끼는 것이 공감이라고 오해하는 경우가 많습니다. 상대와 똑같이 감정을 느끼는 동화, 감정 이입은 간혹 우리의 판단을 흐리고 편견을 조장하기도 하고, 현명한 결정을 내리는 것을 방해할 수도 있습니다. 특히나 가까운 사람에게 감정 이입하면서 그 사람 외의 다른 사람들을 위협적으로 느끼게 될 때도 있습니다.[4] 그래서 'assimilate' 동화, 감정 이입도 상대의 고통을 내가 겪는 고통처럼 느끼는 데 그칠 뿐 실질적 도움을 주지 못한다는 점에서 공감이 아닙니다.

공감에도 황금 비율이 있어요

*

심리학에서는 공감을 기능적으로 인지적 공감과 정서적 공감으로 나눠서 설명합니다. 인지적 공감은 '나는 그가 요즘 불행하다고 느끼고 있다는 걸 알아!'처럼 타인의 정신적인 시각(관점)을 받아들이는 능력을 말합니다. 그리고 정서적인 공감은 '나는 그의 괴로움을 느낀다.'처럼 타인의 정서적인 경험을 공유하는 능력을 말합니다.[5] 정신건강 의학 전문의 정혜신은 『당신이 옳다』라는 책에서 공감에도 황금 비율이 있는데, 만약에 공감을 인지적 공감과 정서적 공감으로 나눈다면 그 비율은 8대 2 정도로 볼 수 있고, 그 중에서 인지적인 노력이 필수적인 일이라고 했습니다.[3] 이 말은 공감은 감정적 반응 그 자체가 아니라, "혹시 네 마음은 이런 거야?"라고 물어보면서 한 존재가 다른 존재가 처한 상황과 상처에 대해서 알아가고, 이해해 가는 과정임을 말합니다. 즉, 통합적인 정서가 공감이라는 걸 알 수 있습니다.

공감에서 인지적 노력이 필수적이며, 그 비율이 8이나 차지한다는 것은 공감은 타고난 능력이 아니고 학습이 필요하고 학습이 가능한 영역임을 말합니다. 정리하자면 공감 'empathy'는 상대가 자신이 처한 상황과 어떤 상처에 대해서 말할 때 옆에서 거울을 들고 서 있어 주는 것입니다. 그리고 거울 속에 비치는 상대의 마음을 보고 "혹시 네 마음은 이런 거야?"라고 물어봐 주고 상대의 마음을 읽어 줍니다. 이런 공감의 행동과 표현은 화자가 그 순간 감정적 위로를 받는 것에 그치게 하지 않고, 자신의 깊은 내면을 스스로 바라보고 성찰하면서 자신뿐 아니라 타인과도 진정한 연결로 나아갈 수 있도록 적극적으로 돕는 과정입니다.

2

뉴노멀 시대,
공감이 더 중요해졌어요

공감은 대화의 질을 결정해요

*

우리가 평생을 행복하게 살아가는 데 가장 중요한 조건이 무엇일까요? 1930년대 말 하버드 의대 교수인 조지 베일런트는 미국 하버드대 입학생 268명을 대상으로 그들의 인생을 70여 년 동안 추적 연구하였습니다. 그 결과 인간을 가장 행복하게 하는 행복의 제 1조건은 돈이나 집안, 학력 이런 조건이 아니라 바로 인간관계라고 말했습니다.[6] 이렇듯 인간은 일생 동안 다양한 사람들과 좋은 관계를 맺으면서 어우러져 사는 것이 중요합니다. 그래서 너와 나 그리고 우리를 연결해 주는 수단인 커뮤니케이션의 중요성은 아무리 강조해도 지나치지 않다고 할 수 있습니다. 그렇다면 커뮤니케이션은 무엇일까요? 커뮤니케이션(communication)은 라틴어 'communicare'에서 유래되었습니다. 'communicare'는 '공유하

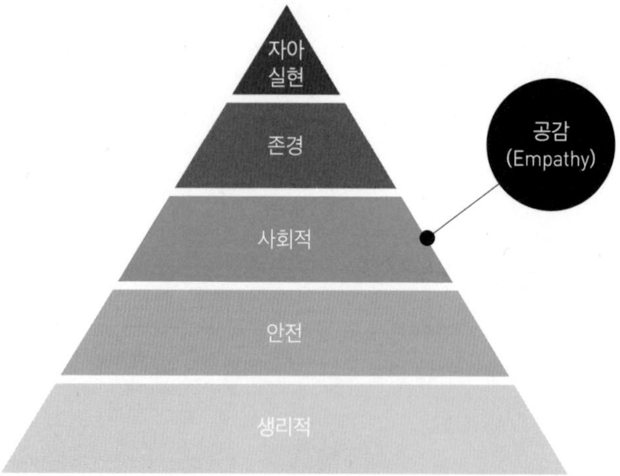

다', '함께하다'라는 뜻입니다. 즉, 커뮤니케이션은 자신의 경험을 서로 공유하고 나누는 것을 말합니다.[2]

커뮤니케이션을 촉진하고 커뮤니케이션의 '질'을 결정하는 것이 바로 '공감'입니다. 공감은 다른 사람의 정서적 상태에 대한 관찰자의 정서적 반응을 말합니다. 보통 사람들은 자신의 정서적 상태를 타인과 공유하고 공감받고 싶어 합니다. 이런 공감의 욕구는 사람이라면 누구나 가지고 있는 지극히 자연스러운 욕구이자 행동이라고 할 수 있습니다. 이것은 미국의 심리학자 에이브러햄 매슬로우(Abraham Maslow)의 욕구 5단계(Hierarchy of Needs Theory)를 통해서도 알 수 있습니다. 1단계는 생리적 욕구, 2단계는 안전의 욕구, 3단계는 사회적 욕구, 4단계는 존경의 욕구, 5단계는 자아실현의 욕구입니다.[2] 매슬로우는 하위 단계의 욕구가 충족이 되고 나면 인간은 자연스럽게 상위 단계의 욕구를 원하게 된다고 했습니다. 이 중에서 3단계 사회적인 욕구가 우리가 사회적으로 다양한 사람들과 관계를 맺고 이해받고 공감받으며 인정받고 싶어 하는 욕구입니다.

공감은 마음 연결 역할을 해요

*

우리가 일상에서 대화하다 보면 어떤 사람과 이야기를 나눌 때는 점점 마음이 따뜻해지고, 뭔가 연결되는 느낌이 들어서 나도 모르게 더 많은 이야기를 하게 되는 경우가 있습니다. 그런데 어떤 사람하고 이야기를 나눌 때는 점점 마음이 차가워지고 단절되는 느낌이 들어 빨리 그 자리를 떠나고 싶기도 합니다. 이것은 바로 공감 능력의 차이 때문입니다. 그리고 이런 공감 능력은 개인뿐만 아니라 조직 차원에서도 중요합니다. 먼저 개인적 차원에서 살펴보면 우리가 삶 속에서 힘든 상황에 직면하게 됐을 때 누군가에게 나의 이야기를 하고 위로받고 싶은 경우가 있습니다. 이럴 때 누군가가 내 이야기를 듣고 진정으로 내 마음을 알아주는 따뜻한 말 한마디를 해준다면 그 순간만큼은 그동안 힘들었던 마음이 눈 녹듯이 녹아내리면서 다시 열심히 살아가야겠다는 힘을 얻기도 합니다.

조직적 차원에서도 공감은 매우 중요합니다. 미국 케이스웨스턴리저브대 조직행동 및 심리학 교수인 리처드 보이에치스와 펜실베니아대 교육대학원 교수인 애니메키는 『공감의 리더십』이라는 책에서 조직을 조화롭게 이끌기 위해서는 깨어 있는 마음, 희망, 공감 같은 부드러운 요소들이 필요하다고 강조했습니다.[7] 왜냐하면 공감 능력이 없으면 상대방이 무엇을 느끼는지 마음을 제대로 읽지 못해서 엉뚱한 방향으로 커뮤니케이션을 할 확률이 높기 때문입니다. 그러면 팀 내 소통이 원활하지 않아서 팀워크를 발휘하기가 어렵습니다. 반대로, 공감 능력이 뛰어난 사람은 사람을 연결하는 힘이 있습니다.[8] 그런 면에서 성공한 조직에는 공감 능력이 뛰어난 구성원이 있을 확률이 높다고 말할 수 있습니다. 공감 능력은 다양한 사람들을 하나로 이끌 수 있는 힘이 있기 때문에 팀워크 향상에 도움이 됩니다. 이렇듯 공감은 마음을 연결하는 역할을 하기에 개인에게도 조직에게도 참 중요한 능력이라고 할 수 있습니다.

공감이 부족한 시대에 살고 있어요

*

최근 코로나 팬데믹 이후 공감은 우리 삶에 더 중요한 요소가 되었습니다. 왜냐하면 사회적 거리 두기로 인해서 대면 소통보다 비대면 소통의 비중이 커지게 되었고 우리 사회의 교육, 업무, 사적 만남 등 많은 부분이 온라인 플랫폼으로 대거 이동했기 때문입니다. 비대면 온라인 플랫폼은 코로나 때 갑자기 등장한 것은 아닙니다. 기존에도 존재했고 성장세였지만 코로나 팬데믹으로 가속화 되었던 것입니다. 앞으로 코로나가 진정된 이후에도 비대면 온라인 플랫폼은 다양한 산업 분야에서 적극 활용될 것으로 예측됩니다.[9]

이전에는 우리가 외롭고 힘들 때 가족과 친구를 만나 친밀감을 느끼고 심리적인 위로를 받아왔었지만, 온라인 플랫폼으로의 대이동은 이런 대면 소통의 기회를 감소시켰습니다. 따라서 현대인들은 코로나19를 겪으면서 '접촉'보다는 '접속'이 많아진 시대를 살아가게 됐습니다. 그리고 이 시대를 살아가는 많은 사람들은 '공감 갈증'을 느끼면서 살아가고 있습니다.

SK 텔레콤은 2020년 1월부터 11월까지 인공지능 서비스 '누구(NUGU)'를 이용하는 사람들이 가장 많이 한 말은 무엇인지 키워드를 뽑아서 랭킹을 선정하고 공개했습니다. 그 결과 사람들이

인공지능 서비스 '누구(NUGU)'에게 가장 많이 한 말은 다름 아닌 '고마워!'와 '사랑해!'였다고 합니다.[10] 이 결과를 통해 우리는 사람들이 AI 서비스를 감정적 대상으로 인식하였다는 점, 그리고 무엇보다 코로나 팬데믹 이후에 우리가 얼마나 심리적 위로와 공감을 원하고 있는지 알 수 있습니다.

현대인의 공감 갈증 원인은 크게 세 가지로 볼 수 있습니다. 첫 번째는 비대면 온라인 소통의 증가가 오히려 소통의 장벽이 되었다는 것, 두 번째는 코로나 블루로 우울함을 느끼는 사람들이 많아졌다는 것, 세 번째는 관계 스트레스로 인해 외로움을 느끼는 사람이 많아졌다는 것입니다.

비대면으로 대화 장벽이 더 높아졌어요.

☆

첫 번째 비대면 온라인 소통의 증가는 사람들이 진정으로 소통하는 것을 어렵게 만들었습니다. 우선 온라인 소통은 서로 다른 온라인 환경에서 만나게 됩니다. 예를 들어 랜(LAN), 디지털 기계 사양이 각자 다르고, 집이나 카페, 회사 등 서로 다른 환경에서 접속하게 됩니다.[2] 따라서 비대면 온라인 소통은 서로 다른 환경에서 접속하고 소통을 시작한다는 점에서 대면 소통보다는 주의 집중력이 떨어지게 만드는 요인이 있음을 알 수 있습니다. 또한 온라인 소통 중 시스템 문제로 중간에 말이 끊기기도 하고, 화면이 멈추기도 하고, 버벅거리는 버퍼링 및 튕김 현상 등으로 인해서 소통의 몰입도와 집중력이 떨어집니다. 게다가 비대면 온라인 소통은 의사 전달의 한계로 인해 오해와 일방향 소통의 문제점도 발생시킵니다.

잡코리아에서 남녀 직장인 1,200명을 대상으로 코로나19 당

시 사내 커뮤니케이션 현황에 대해 조사했습니다. 조사 결과 응답자 중에 41.4%가 코로나 전보다 '사내 소통이 더 어려워졌다.'고 답했습니다. 사내 소통이 더 어려워진 이유 1위는 비대면 소통의 한계로 인해 의사 전달의 한계·오해가 발생한다는 것이었습니다. 2위는 재택근무로 소통의 기회가 줄었기 때문이었습니다. 그리고 3위는 쌍방향 소통이 아닌 일방향 소통 때문이라고 합니다.[11] 이렇게 조사 결과에서도 알 수 있듯이 우리는 코로나19를 겪으면서 서로가 관계를 맺고 연결되고자 하는 사회적 욕구를 충족하기 위해 아주 빠르게 온라인 소통의 문을 열었지만, 감정적 교류인 공

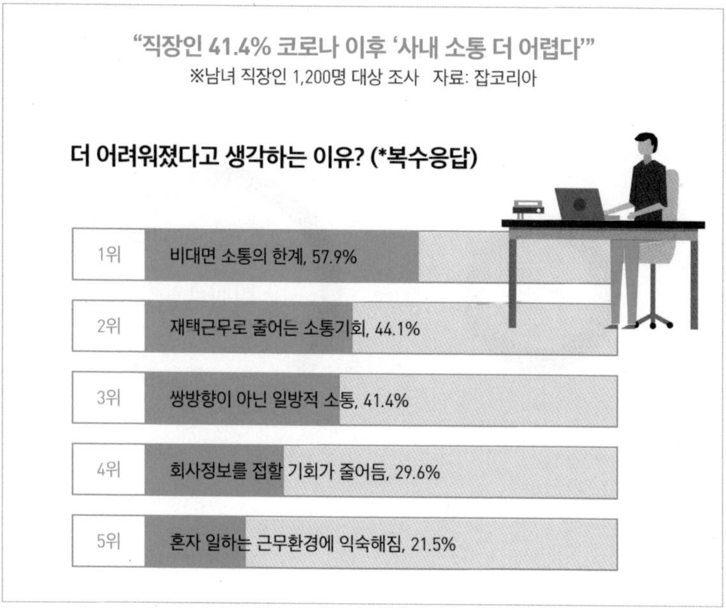

감의 부재로 인해 반쪽 소통을 하게 되었고, 사람들의 공감 갈증은 더욱 증가하게 되었습니다.

연결되지 못해 우울해요

*

공감 갈증의 두 번째 원인은 '코로나 블루'로 인해서 우울한 사람들이 많아졌다는 것입니다. 코로나 블루라는 말은 코로나19가 장기화되면서 코로나와 우울함을 뜻하는 블루가 결합해서 생긴 신

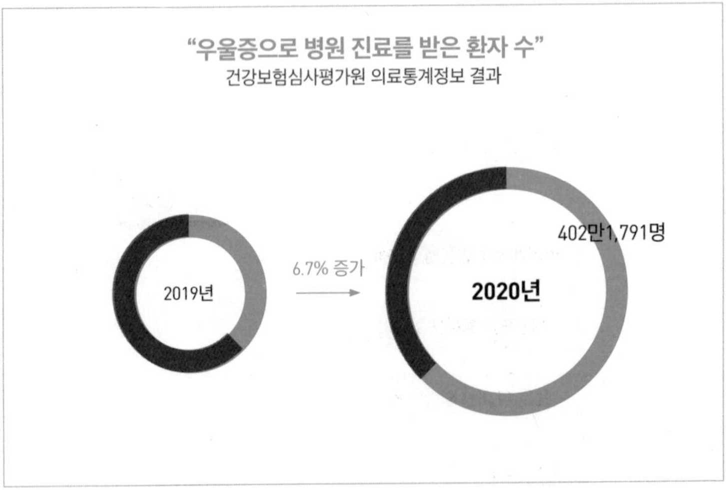

조어입니다. 이것은 코로나19 이후에 강력한 사회적 거리 두기로 대면 소통이 감소하면서 답답함을 느끼고 우울감이나 불안감 같은 정신적인 어려움을 겪는 사람들이 많아졌다는 걸 의미합니다. 특히나 건강보험 심사평가원의 의료 통계정보 결과를 보면 2019년에 비해서 방역의 고삐가 가장 꽉 조여졌던 2020년에 우울증으로 병원 진료를 받은 환자가 402만 1,791명으로 전년(377만 364명) 대비 무려 6.7%나 증가했다고 합니다.

이 조사 결과에서 특히 주목해야 할 점이 있습니다. 그것은 연령대별로 보면 60대 이상에서는 우울증 환자 수 변동 폭이 크지 않았는데, 2030세대에서는 가장 큰 폭으로 상승했다는 점입니다.

이런 현상에 대해 강남 세브란스병원의 오주영 교수는 "젊은 층의 경우 수업이나 근무, 환경 등 많은 부분들이 비대면으로 변화하여 일과 공부, 휴식의 경계가 무너졌고 긍정적인 정서 교류도 감소했기 때문"이라고 했습니다.[12] 결론적으로 다른 연령대에 비해 비대면 온라인 소통의 비중이 높은 2030 젊은 세대일수록 코로나 블루로 인한 우울감을 더 많이 느끼고 있고, 진정한 정서적 교류인 공감을 더 많이 원하고 있음을 유추해 볼 수 있습니다.

공감받지 못해 외로워요

공감 갈증의 세 번째 원인은 인간관계 스트레스로 인해 외로운 사람들이 더 많아졌다는 것입니다. 벼룩시장에서 직장인들을 대상으로 직장인 스트레스에 대한 설문 조사를 했습니다. 그 결과 전체 응답자의 86.7%가 직장생활을 하면서 스트레스를 받는다고 답했습니다. 그리고 스트레스 원인 1위가 바로 상사와 동료와의 인간관계 때문이라고 합니다.[13] 스트레스는 우리가 생각하는 것과 달리 긍정적인 면과 부정적인 면의 두 가지 측면을 모두 가지고 있습니다. 스트레스 상황에 적절하게 대응하여 나의 삶이 더 나아질 수 있게 한다면 '긍정적 스트레스'가 될 수 있지만, 자신의 대처나 적응에도 불구하고 스트레스가 지속되어 불안, 우울 등의 증

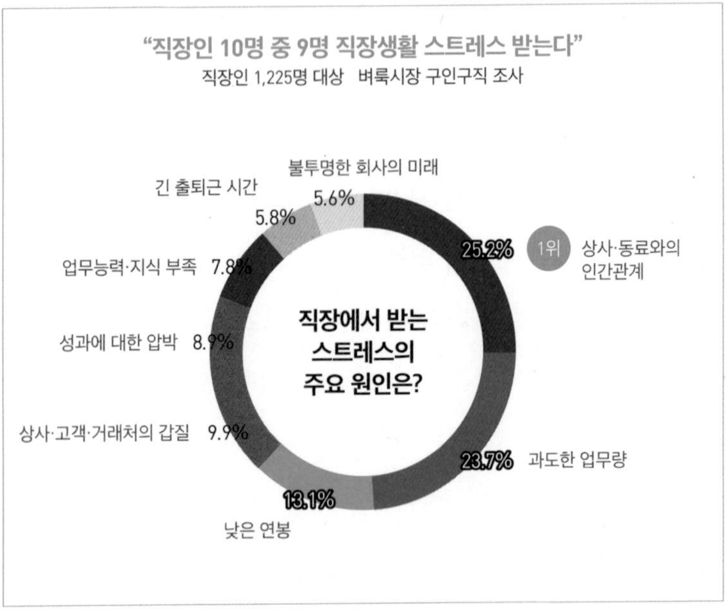

상이 생긴다면 '부정적 스트레스'가 되어 만병의 근원이 되기도 합니다. 따라서 직장인 스트레스의 진짜 문제는 직장생활에서 받는 스트레스로 인해서 성격도 예민해지고 건강 이상을 호소하는 사람들도 늘어났다는 점입니다.[14]

요즘 이런 현대인들의 인간관계 스트레스를 잘 보여주는 신조어가 있습니다. 바로 '관태기'입니다. '관태기'는 관계와 권태기의 합성어입니다. 이 말만 보더라도 현대를 살아가는 많은 사람들이 다양한 관계 속에서 매일 누군가를 만나고, 관계가 틀어지지 않게 노력하고, 다양한 갈등을 해결하기 위해 많은 에너지를 쏟으면서 피로감을 느끼며 살아가고 있다는 사실을 알 수 있습니다.[6] 특히 디지털 시대에 SNS 팔로워는 수백 명인데 정작 마음을 터놓고 얘기할 친구가 없다는 게 요즘 우리의 모습이라고 합니다.

SNS의 활동과 인간관계의 외로움 사이에는 어떤 연관성이 있을까요? 이에 대한 연구 결과들도 참 다양합니다. 미국 피츠버그대학교 건강과학 연구소 브라이언 프리맥 교수팀은 일주일에 58회 이상 SNS로 다른 사람과 소통하는 헤비유저(heavy user)가 같은 기간에 9번도 채 이용하지 않는 사람보다 3배나 더 외롭게 느낀다는 연구 결과를 발표했습니다. 아마 복잡한 심리 상담을 통해 알 수 있는 내면에 깊이 숨겨진 외로움까지 더해진다면 SNS 헤비유저(heavy user)의 외로움은 더 클 수 있을 것이라고 합니다.[15] 또한 『고립의 시대』를 쓴 노리츠 허츠 박사도 청년들의 외로움의 증가가 소셜 미디어가 태동했던 2010년대와 절묘하게 맞아떨어진다고 말했습니다. 그리고 마침 그해 스탠퍼드대에서 대규모 연구를 했다고 합니다. 통제 집단에 속한 1,500명은 평소처럼 페이스북을 사용하게 했습니다. 반면 다른 1,500명은 두 달간 페이스북을 끊게 했습니다. 결과는 아주 명확했습니다. 페이스북을 끊은 집단은 친구, 가족과 직접적인 활동을 더 많이 했고, 더 자주 행복감을 느꼈다고 합니다. 또한 페이스북을 끊는 행동은 심리 치료를 받는 것과 최대 40%까지 같은 효과가 있다고 합니다.[16] 이런 연구 결과들을 종합해 보면 결론적으로 SNS를 많이 하고 '좋아요'를 통해 공감을 많이 받더라도 인간 본연의 깊은 마음까지 충분히 공감받지 못해 외로움을 느낀다는 사실을 알 수 있습니다.

이렇게 현대인의 공감 갈증의 3가지 원인을 살펴보니 좀 흥미로운 점이 있습니다. 그것은 디지털 시대에 관계를 맺을 수 있는 다양한 도구와 매체들을 가장 손쉽게 사용할 줄 알고, 또 가장 많이 사용하는 세대인 2030 젊은 층에서 공감 갈증을 가장 많이 느끼고 있다는 사실입니다. 이런 모습은 첨단 기술이 발전할수록 인간의 따뜻함을 전하는 휴먼터치(human touch)인 '공감', 진정한 정서적 교류가 정말 중요하고 또 절실히 필요로 하고 있음을 증명해 준다고 볼 수 있습니다.

3

가짜 공감과 진짜 공감 구분하기

"상대가 아무리 거짓으로 감정을 꾸며도 우리는 쉽사리 진짜 감정을 느낀다." 『인간과 동물의 감정 표현』이라는 책에서 찰스 다윈이 한 말입니다. 이 말은 많은 사람들이 공감을 원한다는 심리를 자신의 이익을 추구하기 위해서 이용할 수 있다는 것을 뜻합니다. 그런 맥락에서 우리 주변에는 거짓된 감정을 표현하는 사람이 있을 수 있으므로, 우리는 이런 사람을 경계하고 조심해야 합니다. 지금부터는 공감을 이해하기 위해서 가짜 공감과 진짜 공감은 무엇이고 어떤 차이가 있는지 알아보겠습니다.

가짜로 공감을 흉내 내는 행동은 다른 말로 '공감 코스프레'라고 할 수 있습니다. 예를 들어, 나의 상황을 이해해 주는 말과 행동을 했던 친구가 나중에 알고 봤더니, 그저 자기 인기를 유지하기 위해서 그런 행동을 한 것이라는 걸 알게 됐을 때, 그리고 힘들고 낯선 직장에서 유난히 친절하고 배려 깊은 행동으로 힘이 됐던 상사나 동료가 나중에 알고 보니 자신의 일을 떠넘기기 위해서 그랬다는 사실을 알게 됐을 때, 또한 오랜만에 간 동창회에서 유난히 반갑게 맞아주고 옛날 추억도 함께 공유하면서 즐겁게 시간을 보냈던 동창이 뒤에서 나의 험담을 하고 있다는 사실을 알게 됐을 때, 이런 공감을 흉내 내는 가짜 공감은 상대에게 씁쓸함을 넘어서 좌절감, 배신감, 분노 등의 감정을 유발하기도 합니다.[2] 이렇게 공감을 흉내 내는 가짜 공감은 상대가 아닌 자신의 이익을 위한 행동에 불과합니다. 진짜 공감은 자신의 이익을 위한 것이 아니라 상대를 진심으로 위하는 마음이어야 합니다.

관계를 시작도 못하게 만드는 가짜 공감

*

때때로 우리는 상대방의 말을 듣고 나서 나의 생각을 말해주는 것이 상대를 위한 것이고, 이런 게 진짜 공감이라고 착각하기도 합니다. 이런 행동들은 생각 중심의 가짜 공감입니다. 충고, 조언, 평가, 판단, 지레짐작, 단정 짓는 말이 생각의 대표적인 말입니다. 이런 말들은 상대방의 마음을 알아주는 것이 아니라 우리가 삶을 살아가면서 어디서 한 번쯤은 들어봤을 법한 그런 말들을 거론하면서 상대의 아픔과 상처를 일반화시키는 말이라고 할 수 있습니

“생각 중심 가짜 공감”

충고, 조언, 평가, 판단, 지레짐작, 단정짓기

상대의 말을 듣고 나의 생각을 말하는 것

다. 예를 들어, 누군가 “나 요즘 정말 힘들어.”라고 말하는데, “다들 그렇게 살아! 인생 다 그런 거야!”라고 말하면서 다른 사람의 아픔과 상처를 일반화시키는 것입니다. 이런 말들은 관계를 시작도 못하게 만드는 장애물이 되기도 합니다.

생각 중심의 가짜 공감의 다른 예를 한 번 보겠습니다. 어느 날 김 과장은 아내한테 이런 말을 합니다. “여보 나 직장 그만두고 세계 여행 떠나고 싶어!” 이 말을 듣고 아내는 “당신 요즘 회사 다니기 힘들어하는 거 나도 알고 있었어. 그런데 지금 회사 그만두면 나중에 어떻게 살려고 그래? 아직 우리 집 한 채도 없는데 이렇게 대책 없이 살다가 평생 집도 없이 살 거야?"라고 말합니다. 물론 김 과장이 듣기에 아내의 말이 옳은 말이긴 하지만 김 과장은 아내의 말에 설득되지 않습니다. 아내가 자신의 마음을 알아주지도 않았고, 자신한테 대책도 없는 사람이라는 비난 섞인 말을 했기 때문에 아내의 말이 공감이 아닌 비난으로 들렸기 때문입니다. 그래서 공감받지 못한 남편은 가슴이 더욱 답답해졌고, 자신의 고민 해결도 감정의 어떤 해갈도 관계 연결도 아무것도 이루지 못했습니다.

오늘 컨디션이 좋지 않은 미옥 씨는 집에서 쉬고 싶었지만, 볼일이 있어 은행을 가는 길에 동네 친구 수미를 만났습니다. 그런데 친구 수미는 안색이 안 좋아 보이는 미옥 씨에게 보자마자 "너 남편이랑 싸웠구나!"라고 말합니다. 미옥 씨는 이렇게 단정 짓고, 지레짐작하는 친구 수미의 말에 갑자기 기분이 확 상합니다. '내가 평소에 재한테 너무 남편 흉을 많이 봤나? 무슨 표정 하나 안 좋다고 남편이랑 싸웠다고 생각하는 거야! 기분 나빠!' 이런 생각이 올라옵니다. 만약에 이런 상황에 표정이 안 좋아 보이는 친구를 진짜 위한다면, 지레짐작하고 단정 짓는 말보다는 '얼굴 안색이 너무 안 좋아 보인다. 걱정돼서 그래, 혹시 어디 아파? 무슨 일 있어?' 이렇게 마음을 물어보는 것이 공감의 첫 시작이 될 수 있을 것입니다.

혹시 '지옥에는 좋은 의도만 있고, 천국에는 좋은 말이 있다.'는 말 들어보셨나요? 이 말은 아무리 의도가 좋아도 표현이 나쁘면 좋은 의도는 관계를 망가뜨리는 지옥의 말이 된다는 뜻입니다.[17] 충고나 조언은 상대방을 도와주려는 마음에서 비롯된 것이 분명합니다. 그러나 사람들은 조언과 충고를 결코 좋아하지 않습니다. 오히려 싫어합니다. 부탁하지도 않았는데 습관적으로 조언하는 행동은 상대를 불편하게 만들기도 합니다. 때로는 비난처럼 들리게 하기도 합니다. 그런데 정말 희한하게도 사람들을 보면 자신을 설득하려는 것이 아니라 자신의 마음을 먼저 알아줬을 때 상대에게 자발적으로 설득을 당한다고 합니다. 마음을 알아줄 수록 설득이 더 쉽다는 것, 이것이 바로 설득의 역설입니다.

그 사람만의 이야기를 듣는 진짜 공감

*

진짜 공감은 가짜 공감처럼 일반화된 말로 충고하고 조언하고 평가하고, 판단하는 말을 하는 것이 아니라 그 사람의 개별성에 눈을 맞추고 이야기를 듣는 것입니다. 그러기 위해서는 우선 상대방에게 주목해야 하고, 어떤 마음인지 물어보고 이야기를 들으면서 그 사람이 무엇을 보고 들었고 어떤 느낌이고 어떤 것을 원하고 부탁하고 싶은지 그 사람과 현존하면서 개별화된 그 사람만의

"주목 > 마음 물어보기 > 반응하기"
(관찰, 느낌, 욕구, 부탁)

그 사람의 개별성에 눈을 맞추고, 그 사람의 이야기를 듣는 것

이야기를 들어야 합니다.

그럼, 마음 중심의 진짜 공감은 어떻게 하는 것일까요? 구체적인 방법을 크게 네 가지의 순서로 말씀드리겠습니다. 첫 번째는 상대에게 주목하고 마음을 물어봅니다. 우리는 간혹 어떤 말을 들었을 때 공감하기가 어려울 때가 있습니다. 왜냐하면 그 사람의 마음이 어떤지 모르기 때문입니다. 그럴 때는 마음을 먼저 물어봐야 합니다. 공감은 알아야 할 수 있습니다. 그래서 "어떤 마음으로 그런 얘기를 한 거야?", "지금 그게 어떤 뜻인가요?", "어떤 생각이었던 건가요?", "지금 당신 마음이 어떤데 그런 얘기를 한 건가요?"라고 먼저 마음을 물어봅니다.

두 번째는 평가, 판단하지 않고, 그 사람과 현존하는 것입니다. 현존한다는 것은 그 시간에 오롯이 상대와 함께 있는 것을 뜻합니다. 이야기를 들으면서 내가 평가, 판단하거나 다른 이야기를 생각하고 있다면 그 사람과 함께 있는 것이 아닙니다. 그래서 현존하기 위해서는 평가, 판단하는 걸 하지 않아야 합니다. 이렇게 평가, 판단하지 않고 상대방과 오롯이 함께 있는 상태를 코칭에서는 '에포케(epoche), 에고리스(egoless) 심재(心齋)'라고 표현합니다. 현대 철학의 대가 후설은 현상학적 입장에서, 일체의 존재를 성립시키는 기초의 구명(究明), 즉 현상학 영역의 연구를 위해, 일상적이고 자연적인 견해에 의한 판단을 보류하는 것을 에포케라고 하였습니다. 이것은 일단 자신의 판단을 중지하고 대상과 만나라는 뜻입니다. 대상의 실체를 있는 그대로 알아차리기 위해서는 우선 자신의 필터를 내려놓는 '판단 중지'가 절대적으로 필요하다는 것입니다. 에고리스(egoless)도 코치가 자신의 판단을 내려놓는 것을 의미합니다. 그리고 장자는 이것을 일러 '심재(心齋)'라고 하였습니다. 심재라는 말은 마음을 목욕 재개한다는 말인데 마음을 굶긴다는 뜻입니다. 상대방과 소통하기 위해 우선 나의 판단을 내려놓는 것, 이것이 바로 나의 마음을 굶기는 '심재(心齋)'입니다.[18]

세 번째는 상대를 적극적으로 돕기 위해서 "지금 네 마음이 혹시 이런 거야?"라고 물어봐 주는 것입니다.

네 번째는 "그런 마음이구나! 그래서 그랬구나."라고 상대방 마음을 토닥이는 말을 해 주는 것입니다.

충고, 조언, 평가, 판단하지 않고 상대와 현존하는 것이 무엇인지 사례를 통해서 알아보겠습니다. 유튜브 채널 정혜신TV를 보면 이런 이야기가 나옵니다. 어느 날 5살 아이가 아침에 일찍 일어나 엄마한테 가서 "나는 엄마 가슴을 부숴버리고 싶어!"라는 말을 했습니다. 엄마는 이 말을 듣고 너무 깜짝 놀랐고, 우리 아이가 내 생각보다 너무 공격적이고 험한 말을 많이 한다는 생각이 들었다고 합니다. 그런데 엄마는 그런 생각들을 잠시 내려두고 아이가 왜 그런 말을 하게 된 건지 물어보기로 합니다. "왜 그런 마음이 들었는데?"라고 물어봤더니, 아이는 "엄마 가슴 안에는 뭐가 들어 있는지 보고 싶어!"라고 답했다고 합니다. 그래서 엄마가 "엄마 가슴 안에는 뭐가 들어 있는 것 같은데?"라고 다시 물어봤다고 합니다. 그랬더니, 아이는 "엄마 가슴 안에는 밥이랑 물이랑 하트가 들어 있을 것 같아!"라고 답했다고 합니다. 정말 엄마를 사랑하는 아이의 마음이 예쁘게 느껴집니다. 그런데 만약 이때 엄마가 아이의 마음이 어떤지 물어보지도 않고 다짜고짜 "그거 나

뿐 말이야! 그렇게 하면 엄마 가슴 여기가 아야, 아야 하잖아! 그런 말 하는 거 아니야!"라고 혼냈더라면 아이는 자신의 마음을 오해 받은 것 같아서 울음을 터뜨렸을지도 모르겠습니다.

다음은 상대를 적극적으로 돕는 것은 어떤 것인지 사례를 통해서 알아보겠습니다. 초등학생, 중학생 두 아이를 키우고 있는 전업주부 정윤 씨는 대학교 친구를 만나 이런 말을 합니다. "내 인생에 설거지하고 애들 과외시키는 것 말고도 뭔가 필요해!" 이 말을 듣고 친구는 정윤 씨를 적극적으로 돕기 위해서 첫 번째 "어떤 마음인데 그런 생각이 들었어?"라고 물어봅니다. 친구의 질문에 정윤 씨가 이런 말을 합니다. "최근에 SNS를 통해서 고등학교 때 한 친구의 근황을 봤는데, 학교 다닐 때는 나랑 비슷했던 친구가 지금은 너무나 성공한 모습을 보니까 '나는 지금 뭐하고 있나? 나는 예전에 꿈이 뭐였지?' 이런 생각이 들면서 좀 답답하고 속상했어." 그 말을 듣고 친구는 두 번째 정윤 씨의 마음을 읽어줍니다. "너는 성장하고 멋지게 살고 싶은 마음이구나! 그래서 답답하고 속상했던 거야?"라고 마음을 읽어 줍니다. 그리고 마지막으로, 정윤 씨가 자신의 마음을 좀 더 깊이 있게 이야기하면, "그런 마음이었구나. 그래서 그랬구나!" 공감의 말로 정윤 씨의 마음을 토닥토닥 토닥여 줍니다. 이렇게 상대가 자신의 마음을 구체적으로 들여다볼 수 있게 해주는 것이 공감의 적극적 돕기입니다.

"마음 중심 진짜 공감"

1 상대에게 주목, 마음에 대해 물어보기

- "어떤 마음으로 그런 얘기를 한 건가요?"
- "지금 그게 무슨 뜻인가요?"
- "어떤 생각이었던 건가요?"
- "지금 당신 마음이 어때서, 그런 얘기를 한 건가요?"

2 현존하기(평가·판단 금지)

- 에포케 / 에고리스 / 심재

3 "혹시, 네 마음은 이런 거야?"(적극적 돕기)

- 관찰
- 느낌(감정)
- 욕구(중요하고, 필요하고, 원하는 것)
- 부탁

4 "아~ 그런 마음이구나, 그랬구나"(공감의 말)

이런 마음에 대한 질문, 그리고 반응해 주는 행동들은 상대의 존재 자체를 조금씩 흔듭니다. 왜냐하면 자기 존재에 대해서 이런 시선과 터치를 받으면 사람은 멈칫하게 되기 때문입니다. 평소와는 다른 반응을 보이게 됩니다. 그 자리에서 그렇게 생각하게 된 자신의 경험담까지는 꺼내지 않더라도 집으로 돌아가면서 질문에 대해서 스스로 궁금해할 수 있습니다. '그러게… 나는 왜 그렇게 생각했을까? 언제부터 그런 생각을 하고 있었지?' 이렇게 자기를 돌아보고 성찰하게 됩니다.[3] 이렇게 스스로 자신의 마음에 주목하게 만드는 것이 진짜 공감의 힘입니다.

진짜 공감의 뿌리를 찾아볼까요?

*

마음 중심 진짜 공감의 뿌리는 'NVC'에 있습니다. 'NVC'는 Non Violent Communication의 약자로 우리말로 비폭력 대화라고 합니다. 비폭력 대화는 마셜 로젠버그라는 학자가 창시하였습니다. 그는 1960년대에 인종차별법이 폐지될 때 여러 가지 갈등이 있었는데, 그걸 해소하기 위해서 미 연방정부의 프로젝트를 맡게 됐습니다. 그것을 계기로 NVC를 개발했고, 보급했습니다. 그 과정 중에 1984년에 CNVC를 설립하였고 일생 동안 세계 여러 곳에서 NVC 훈련과 국가 간의 분쟁 지역에서 중재자로 활동했습니다.

대다수 사람들은 비폭력 대화라는 말을 들으면 우선 간디를 생각합니다. 맞습니다. 비폭력 대화는 간디의 아힘사(ahimsa) 정신에서 나왔습니다. 그리고 사람들은 아힘사(ahimsa) 정신 그리고 비폭력이라고 하면 '폭력의 반대를 말하나?'라고 생각하기도 합니다. 일반적으로 사람들이 생각하는 폭력은 싸우고 때리고 전쟁하는 것입니다. 그래서 비폭력이면 폭력의 반대니까 안 싸우는 거라고 생각합니다. 그러나 마셜 로젠버그가 말하는 비폭력은 **'물리적 폭력 이외에 일상생활에서 우리를 지배하는 부정적인 사고방식을 긍정적으로 바꾸는 것'**을 말합니다. 부정적 사고방식의 대표적인 것은 타인에 대해서 평가하고, 판단하고 비난하는 말들입니다. 우리는 서로 평가, 판단, 비난하지 않고 연민으로 편안하게 바라볼 수 있는

그런 상태를 만들어야 합니다. 또한 우리 자신을 깊이 이해하고 나아가 연민이 우러난 방식으로 다른 사람과 유대 관계를 맺을 수 있어야 합니다.

마셜 로젠버그는 대화의 상징 동물도 만들었습니다. 폭력 대화의 상징은 자칼입니다. 그리고 비폭력 대화의 상징은 기린입니다. 자칼이 폭력 대화의 상징이라고 말하면 동물을 사랑하는 동물 애호가들은 자칼이 얼마나 귀여운데 자칼을 폭력 대화의 상징으로 했냐고 항의할 수 있습니다. 그런데 마셜 로젠버그는 자칼의 일반적인 특성을 바탕으로 폭력 대화의 상징으로 선정했습니다. 동물들이 나오는 TV 프로그램을 보면 자칼은 시체를 먹는 동물로 좀 어슬렁거리고 비열함, 수치심, 죄책감, 폭력성을 상징하는 그런 행동들을 하는 것을 볼 수 있습니다. 그래서 자칼이 폭력 대화의 상징이 됐습니다. 반면에 기린은 초식 동물로 순합니다. 그리고 무리 지어 살면서 공동체 생활을 합니다. 키가 6~7미터 정도로 큰데, 키가 크다는 건 머리부터 발끝까지 혈액 순환이 잘될 수 있도록 큰 심장을 가졌다는 것을 의미합니다. 심장은 공감을 상징하는 기관이기도 합니다. 기린은 초식 동물이고 순한 동물이지만, 사자가 왔을 때 뒷발질해서 사자를 물리칠 정도로 자기 보호도 잘하는 동물입니다. 그래서 NVC를 기린의 대화라고도 부릅니다. 저자인 저는 사람과 사람의 마음을 연결해 준다는 뜻에서 NVC를 '마음 연결 대화'라고 부르고 있습니다.

우리 이제 혼자라는 느낌에서 해방돼요

*

여러분 2022년 봄에 '추앙' 신드롬을 일으킨 드라마 〈나의 해방일지〉를 아시나요? 주인공 염미정은 다양한 인간관계 속에서 답답함과 갑갑함을 느낍니다. 무엇이 어디서부터 어떻게 잘못됐는지 모르겠지만 모든 관계가 마치 노동을 하는 것처럼 버겁습니다.

눈 뜨고 있는 모든 시간이 노동처럼 느껴지기에 힘이 듭니다. 어디에 갇힌 것 같은 갑갑함에서 벗어나고 싶은 마음이지만 어디를 어떻게 뚫어야 할지 모르겠고, 점점 지쳐간다고 말합니다. 현시대를 살아가는 우리 역시 드라마의 주인공처럼 제각기 인간관계에서의 갈등과 염증을 느끼며 살아가고 있습니다. 서로가 진정한 연결로 가보지도 못한 채 단절, 갈등 때로는 상처로 살아가기도 합니다. 주인공 염미정은 이런 답답하고 갑갑함 속에서 벗어나고자 '여기서 저기로 뚫고 나가고 싶다.'고 말합니다. 그리고 뚫고 나가기 위한 방법으로 사내 동호회-해방 클럽을 결성합니다. 그리고 4명으로 구성된 해방 클럽의 멤버들은 각자 자신이 뚫고 나가고 싶었던 부분이 무엇인지 이야기를 나누고 공유하는 시간을 가집니다.

첫 번째 멤버는 싱글 대디 조태훈 과장입니다. 조태훈 과장은 어릴 적 어머니, 아버지가 돌아가시고 자신이 약해진 느낌이 생긴 것 같다고 말합니다. 어머니가 돌아가시고 나서는 한쪽 팔이 없어진 것 같았고, 아버지가 돌아가셨을 때는 나머지 한쪽 팔이 떨어져 나간 것 같았다고 합니다. 그렇게 부모님이 돌아가신 후에 자신이 약해진 것 같다는 느낌이 살아오면서 늘 들었다고 합니다. 그리고 현재 혼자서 딸아이를 키우고 있는데, 딸도 엄마가 없어서 자신처럼 그런 약해진 느낌을 느끼면서 살아가고 있는 건 아닌지 걱정이 된다고 합니다. 자신이 그런 느낌에서 해방되어야 딸도 그런 느낌에서 해방될 수 있지 않을까… 그런 생각이 들어서 자신에게 진정한 해방은 '약하다는 느낌에서 벗어나기'라고 합니다.

두 번째 멤버 박상민 부장은 살면서 숨 쉬는 것 다음으로 가장 많이 하는 것이 시계를 보는 거라고 말합니다. 툭하면 시계를 본다고 합니다. '벌써 시간이 이렇게 됐나… 벌써…' 그러면서 종일 본다고 합니다. 어느 날 '하루 24시간 매일 출근하고 퇴근하고 먹고 자고 똑같은데, 나는 왜 계속 시계를 볼까?' 이런 생각이 문득 들었다고 합니다. 이것은 아마도 자신이 뭔가 하루를 잘 살아내야 한다는 강박은 있는데, 제대로 한 것은 없어서 계속 시계만 보면서 계속 쫓기듯이 살고 있는 건 아닌가… 그런 생각의 종착지에 다다랐다고 합니다. 그리고 자신이 평생 그렇게 살아왔다는 걸 알아채자마자 희한하게도 따따따따따따따!!! 이렇게 뛰던 심장이 딱… 딱… 딱… 천천히 뛰는 걸 느꼈다고 합니다. 스스로 이것을 알아채는 데 50년이 걸렸다는 사실이 많이 안타깝다는 박상민 부장은 앞으로 시간에서 완전히 해방되는 것은 참 어려운 일이지만, 앞으로 할 만큼 했으면 쉬고 잘 만큼 잤으면 일어나는, 그렇게 째깍째깍 시간에 쫓기는 느낌에서 조금씩 해방되어 종국에는 자신만의 템포를 갖는 게 자신에게는 진정한 해방이라고 합니다.

세 번째 멤버 행복 복지센터 담당자는 행복한 척 웃고 있는 자신의 표정에서 해방되고 싶다고 합니다. 아예 행복하지 않다는 것도 거짓말이지만, 그렇다고 하루 종일 웃고 있을 정도로 행복하지도 않은데 이상하게 사람 앞에만 서면 자동적으로 웃는 얼굴 표정을 하게 된다고 합니다. 그래서 상갓집 가는 게 가장 곤욕입니다. 상갓집에 갈 때마다 억지로라도 무표정하게 해보려고 애쓰는데… 너무 힘들고, 이런 자신의 모습이 싫다고 말합니다.

마지막으로 해방 클럽을 결성한 주인공 염미정은 '늘 혼자라는 느낌'에서 해방되고 싶다고 말합니다. 집이든 회사든 늘 사람들과 함께 있지만 늘 혼자 있는 것 같은 기분, 사람들과 진정으로 연결되지 못했다는 외로움에서 벗어나고자 진정으로 좋아하는 한 사람을 만들고 싶다고 합니다. 염미정은 자신의 삶을 생각해 보면 어디에 어떻게 갇힌 건지 모르겠지만, 꼭 갇힌 것 같이 속 시원한 게 하나도 없고, 갑갑하고, 답답하다고 합니다. 그리고 뭔가 뚫고 나가고 싶은데 그러지 못하는 이유가 자신한테는 생각만 해도 좋기만 한 그런 사람이 하나도 없기 때문은 아닐까 생각해 보았다고 말합니다. 자신이 좋아하는 것 같은 사람들도 가만히 생각해보면 다 불편한 구석이 있었다고… 실망스러웠던 것도 있고, 미운 것도 있고, 질투하는 것도 있고, 조금씩 다 앙금이 있는 것 같다고… 자신이 겉으로는 사람들하고 수더분하게 잘 지내는 것 같지만, 실제로는 진짜로 좋아하는 사람이 아무도 없다고 말입니다.

사람들도 나를 좋아하지 않고, 나 역시 진짜로 좋아하는 사람이 한 명도 없다는 사실… 혹시 그게 자신이 점점 조용히 지쳐가는 이유가 아닐까… 늘 혼자라는 느낌에 시달리고, 버려진 느낌에 시달리는 이유가 아닐까…라고 말입니다.

염미정은 퇴근 후 자신을 무시하고 막말을 일삼는 상사가 빨간펜으로 난도질한 보고서를 들고 카페에 앉아 나머지 일을 할 때면, 자신이 생각만 해도 좋기만 한 상상 속 인물을 떠올리며 힘을 내곤 합니다. 상상 속 인물을 떠올리며 일을 하면 마법처럼 그 순간 그지 같은 일도 아름다운 일이 되고, 견딜만한 일로 변합니다. 마치 사랑받는 여자인 척, 부족한 게 하나도 없는 여자인 척, 난 지금 누군가를 사랑하고, 누군가의 지지를 받고, 그래서 편안한 상태이며, 난 벌써 그 사람과 행복한 그 시간을 살고 있다 상상합니다. 머리 속으로 상상 속 인물에게 당신 없이 있던 시간에 지치고 힘들었던 것보다 당신을 생각하면서 힘을 냈다는 게 더 기특하지 않냐며 묻기도 합니다. 이런 장면들은 주인공 염미정이 그동안 얼마나 진정한 연결, 따뜻한 관계를 원하고 갈망하고 있었는지 잘 보여줍니다.

여러분도 드라마의 주인공처럼 혹시 지치고 힘든 관계가 있으신가요? 진짜 나를 있는 그대로 봐주고 그런 내 마음을 공감 받고 싶으신가요? 진정한 공감으로 관계를 개선하고 연결하고 싶으신가요? 그렇다면 지금부터 진정한 연결을 만드는 4단계 공감 대화법을 통해서 공감이 무엇인지 그리고 어떻게 하는 것인지 구체적인 방법을 알아보고 우리의 일상에서 적용해 보시기 바랍니다.

4단계 공감 대화법은 '1단계 공감 이해하기, 2단계 장벽 제거하기, 3단계 타인 연결하기, 4단계 자기 연결하기' 총 네 개의 챕터로 구성되어 있습니다. 지금까지 챕터1에서는 1단계 진정한 공감은 어떤 것인지 공감에 대해 제대로 이해해 보았습니다. 챕터2부터는 2단계, 공감을 방해하는 장벽은 어떤 것들이 있고 어떻게 제거할 수 있는지 알아보겠습니다. 챕터3에서는 3단계 타인과 진정으로 연결되기 위한 대화의 4개 요소(관찰, 느낌(감정), 욕구, 부탁)을 알아보고, 말하고 듣는 방법에 대해 구체적으로 배워 보겠습니다. 챕터4에서는 4단계, '자기 연결'을 위한 '자기 공감'의 다양한 솔루션에 대해 알아보겠습니다. 자, 그러면 여러분 진정한 연결을 위한 준비되셨나요?

챕터 2

2단계

인생이 견딜 수 없게 되었을 때
우리는 상황이 변화할 것을 기대한다. 그러나 가장 효과적인 변화,
즉 자기 자신의 태도를 바꿔야 한다는 점엔 거의 생각이 미치지 못한다.
그러한 결심을 하기는 쉽지 않다.

비트겐슈타인

장벽 제거하기

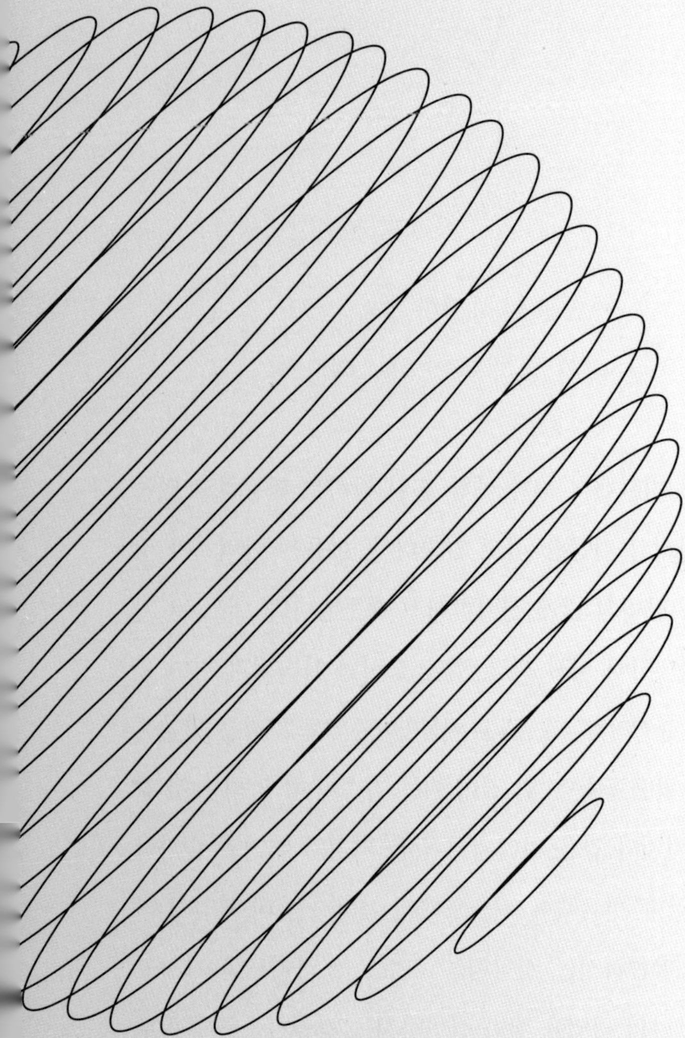

1

우리도 모르게 대화를 단절시키는 습관 10가지

오래 함께했다고

좋은 대화를 하는 건 아니에요

*

직업 전문 훈련 기관에서 제과·제빵 훈련 강사로 활동하고 있는 경미 씨는 아버지와 갈등을 겪고 있습니다. 이유는 아버지가 경미 씨의 직업을 탐탁지 않게 생각하시기 때문입니다. 어느 날 가족들과 함께하는 저녁 식사 시간, 밥을 드시던 아버지가 경미 씨에게 **"이제 강사 일 집어치우고 공무원 시험이나 준비해라!"**라는 말씀을 하셨습니다. 그 말을 듣는 순간 경미 씨는 가슴이 콱 막히는 것 같고, 더 이상 아버지와 같은 자리에서 밥을 먹기가 어려워 숟가락을 내려놓았습니다. 마음속에서는 도대체 아버지는 내 직업이 어떻길래 그렇게 말씀하시는 것인지… 스스로 프라이드를 가지고 하는 일인데 왜 나의 직업을 평가 절하하시는 것인지… 공무원보다는 이게 훨씬 나은 직업이라고 생각하는데… 왜 아버지는 계속 나의 직업을 맘에 들어 하시지 않는 것인지… 도무지 이해할 수가 없고, 아버지와 더 이상 대화를 하고 싶지가 않습니다.

대학교를 졸업하고 몇 년 동안 취업을 못하고 있는 재훈 씨는 대학 때 친하게 지냈던 선배를 만나기로 합니다. 선배는 졸업 후 바로 대기업에 취업하여 현재 경제적으로 안정적인 편입니다. 재훈 씨는 선배 얼굴도 보고 취업에 대한 조언도 얻을 겸 겸사겸사 약속 장소로 향합니다. 약속 장소에서 만난 둘은 술을 먹기에는 시간이 너무 이른 것 같아서 먼저 영화관에서 '범죄도시2'를 보고 저녁을 먹기로 합니다. 영화를 본 후 술자리에서 이런저런 이야기를 하다가 재훈 씨는 범죄도시2가 정말 재밌어서 시간 가는 줄도 모르고 봤다고 말했습니다. 이 말을 듣고 선배는 보는 내내 영화가 너무 폭력적이고 저질영화라는 생각을 했다고 말합니다. 영화에 대한 서로의 생각 차이가 아주 컸는데, 선배는 대화 도중 재훈 씨의 무언가가 마음에 들지 않았는지 대뜸 **"네가 이래서 일이 없구나?"**라는 말을 합니다. 안 그래도 취업을 못하고 있는 재훈 씨의 상황을 누구보다 잘 알고 있는 선배가 가장 모질고 독한 말로 재훈 씨에게 상처가 되는 말을 합니다. 재훈 씨는 이후로 선배와 연락을 끊었습니다.

아들, 딸 2명의 자녀를 둔 50대 중반의 시영 씨는 이제 좀 숨통이 트이는 것 같습니다. 왜냐하면 두 아이 모두 잘 자라 대학 졸업 후 대기업에 취업해서 자리도 잡아가고 있고, 덕분에 시간 여유가 생겨서 그동안 즐기지 못했던 취미 생활도 하고, 또 최근에는 직업 상담사로 활발하게 활동하며 제2의 인생을 살게 됐기 때문입니다. 그동안 아이들 키우고 시댁, 친정 양가 식구들 건사하면서 바쁘게 사느라 친구들 만날 시간도 없이 바쁘게 살았던 시영씨는 퇴근 후 오랜만에 고등학교 동창들을 만났습니다. 맛있는 음식도 먹고 술도 한잔하는 자리에서 이야기를 하던 중 아직 미혼인 한 친구가 다음 달 해외여행을 가자고 제안했습니다. 시영씨는 일이 있어서 못 가겠다고 말했습니다. 그러자 그 친구는 시영 씨에게 **"넌 아직도 그 정도 여유도 없니?"**라며 무안을 주었습니다. 순간 시영 씨의 얼굴이 빨갛게 달아올랐습니다. 그동안 친구들 중에서 가장 형편이 좋지 않았던 건 사실이지만, 친구들이 모인 자리에서 저런 모욕적인 말로 자신을 깎아내리니 많이 당황스럽고, 화가 났습니다. 속으로는 '너는 그 나이되도록 결혼도 못했으니 시간도 돈도 남아돌겠지. 근데 난 아니거든? 난 사랑하는 가족, 우리 아이들이 있거든! 부러우면 부럽다고 해! 그런 식으로 시기, 질투하지 말고! 내 시간과 돈을 너같이 배려할 줄 모르는 이기적인 인간하고 함께 쓰기 싫어. 앞으로도 너랑 여행가는 일은 절대 없을 거야!'라는 생각이 올라왔습니다. 정말 마음 같아서는 이렇게 속에서 끓어 올라오는 모든 말들을 그 친구에게 확 퍼부어 버리고 싶었습니다. 하지만 다른 친구들도 있는 자리였고, 그 친구와 똑같은 사람이 되는 것 같아 내색하지 않고 집으로 돌아왔습니다. 시영 씨는 앞으로 그 친구를 두 번 다시 보지 않겠다고 마음먹었습니다.

병원에서 간호부장으로 일하고 있는 예린 씨는 친한 동료와 점심 식사를 하였습니다. 식사 후 커피를 마시면서 이런저런 이야기를 하다가 간호부장으로서 요즘 후배 간호사 관리하기가 어렵다는 말을 하였습니다. 그런데 동료는 예린 씨의 고충이나 애로 사항에 대해 물어보거나, 공감해 주지 않고 **"너 직원들이 뒤에서 너에 대해 뭐라고 하는지 모르지? 내가 어떤 이야기하는지 말해줄까?"**라는 말을 합니다. 마치 자신은 후배들한테 존경받는 사람이고, 나는 그렇지 않은 사람이라는 뉘앙스를 팍팍 풍기며 이야기하는 동료에게 예린 씨는 기분이 아주 많이 상했습니다. 그리고 속에서는 '너는 얼마나 잘해서 나한테 이런 이야기를 하는 거야? 네 단점! 나는 100가지도 더 알고 있어! 나도 한 번 다 말해줘 봐?' 이런 생각들이 마구 올라오고, 그 자리에서 확 쏘아붙이고 싶었습니다. 이 말을 들은 이후 예린 씨는 몇 달 동안 제대로 잠을 잘 수 없을 정도로 심적으로 큰 상처를 받았습니다.

위의 사례들을 통해 알 수 있듯이 오랜 시간 함께 하였다고 모두 좋은 대화를 하는 것은 아닙니다. 이런 연민이 사라진 대화들은 소통과 관계의 단절을 불러옵니다. 그리고 우리는 대화 중에 누군가를 상처 주고 싶을 때 내가 알고 있는 말 중에서 가장 모질고 독한 말을 찾아서 하는 경우가 많습니다. 이렇게 모질고 독한 말들은 뇌리에 강하게 박혀 오래도록 잊혀지지 않습니다. 그래서 시간이 아무리 많이 흘러도 그때의 상황, 온도, 습도, 미세한 공기의 흐름, 얼굴 표정, 눈빛, 자세, 태도, 행동, 손짓, 발짓, 말투, 뉘앙스 하나하나까지 모든 것이 생생하게 기억납니다. 챕터1에서 이런 소통·관계의 단절을 불러오는 말들을 NVC(비폭력 대화)에서 폭력 대화 또는 자칼의 말이라고 부른다고 하였습니다.

대부분의 사람들은 자신은 자칼이 아니고 기린이라고 생각합니다. 그러나 정말 안타깝게도 저자인 저를 포함하여 대부분의 사람은 기린의 말보다는 이런 자칼의 말에 더 능숙합니다. 왜냐하면 우리는 살아오면서 연민으로 상대와 연결될 수 있는 대화 방법에 대해 배운 적이 없기 때문입니다. 이런 자칼의 말은 우리도 모르게 대화를 단절시키고, 관계를 단절시키는 어떤 습관이라고 말할 수 있습니다. 지금부터 우리도 모르게 대화를 단절시키는 습관들은 어떤 것들이 있는지 또 어떻게 제거할 수 있는지, 어떻게 다르게 표현할 수 있는지 구체적인 방법에 대해서 알아보겠습니다.

평가·판단하는 말 습관

*

평가·판단이란 상대나 외부를 보면서 해석하는 자기만의 틀과 생각을 말합니다. 이것은 자신만의 기준으로 상대의 말과 행동을 보면서 '옳다, 그르다, 좋다, 나쁘다'라고 해석하는 것입니다. 이 해석은 긍정적, 부정적으로 나타나지만 부정적 판단의 경우 상대가 자신에 대한 비난으로 듣게 됩니다.[19] 예를 들어 '넌 정말 이기적이야.', '그 사람은 게을러.', '그 사람들은 편파적이야.', '그건 당치도 않아.', '저 사람은 참 무책임해.', '우리 사장은 권위적이야.', '그 사람은 성공한 기업가야.', '저 사람은 나를 싫어해.', '우리 선생님은 너그러운 사람이야.' 이런 말들이 평가·판단하는 말입니다. 이 중에서 부정적으로 표현된 말들은 다른 사람의 행동이 자신의 가치관과 맞지 않을 경우 그 사람의 행동을 나쁘다거나 틀렸다고 평가·판단하고 있음을 알 수 있습니다. 그리고 비난, 모욕, 비하, 꼬리표 붙이기 등이 모두 평가·판단의 말에 속합니다.[20] 이 말들을 사용할 때 우리는 다른 사람들의 행동이 뭔가 잘못됐다는 관점에서 생각하고 말하게 됩니다.

정신건강의학 전문의 정혜신이 운영하는 유튜브 TV를 보면, 닉네임 바른 생활님의 사연이 나옵니다. 바른 생활님은 수험생 아들을 둔 엄마로서 고민 상담을 합니다. 내용을 보면 이렇습니다.

“닉네임, 바른 생활님 사연”

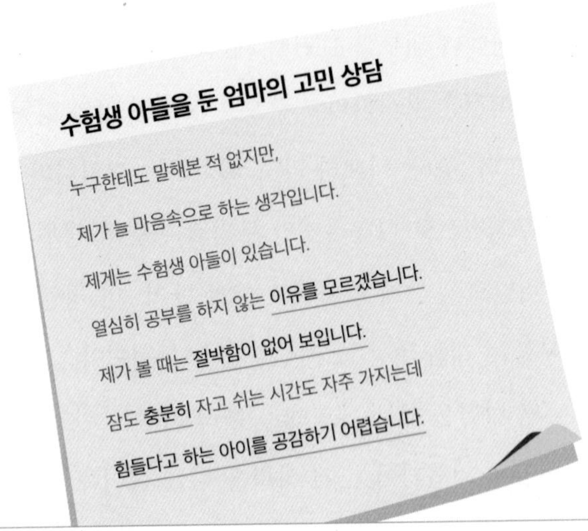

“누구한테도 말해 본 적 없지만, 제가 늘 마음속으로 하는 생각입니다. 수험생 아들이 제게 있습니다. 열심히 공부하지 않는 이유를 모르겠습니다. 제가 볼 때는 절박함이 없어 보입니다. 잠도 충분히 자고 쉬는 시간도 자주 가지는데 힘들다고 하는 아이를 공감하기 어렵습니다.” 이 사연을 보고 정혜신은 사연자의 이야기에서 네 가지 부분을 짚어주면서 도움을 줍니다.

첫 번째, “아이의 마음을 모르겠습니다.”라고 말한 부분입니다. 정혜신은 우리가 상대방의 마음을 모를 때는 우선 물어봐야 한다고 말합니다. 공감은 알아야 할 수 있는 것이기 때문에 아이의 마음을 모르겠다면 아이의 마음이 어떤지 먼저 물어보라고 조언합니다. 예를 들어 "엄마가 보기에는 네가 좀 열심히 안 하는 것 같은데, 왜 그러는 거니?"라고 물어봐 줄 수 있습니다.

두 번째, 절박함이 없어 보인다는 말에 대해 언급합니다. 절박함이 없어 보인다는 말을 보면 엄마는 이미 우리 아이가 열심히 공부하지 않는 이유를 알고 있다고 단정 짓고 있다고 말합니다. 단정 짓기도 평가·판단의 말에 들어갑니다.

세 번째, '잠자는 시간도 쉬는 시간도 충분하다.'라는 부분에 대해 말합니다. 충분하다는 것은 엄마의 기준일 수 있다는 겁니다. 사람이 어떤 스트레스를 많이 받으면 양극의 현상이 일어나기도 합니다. 어떤 사람은 스트레스를 많이 받아서 잠도 못 자고 밥도 못 먹을 수 있지만 또 어떤 사람은 잠을 엄청 많이 자고 폭식을 할 정도로 많이 먹기도 합니다. 그런데 문제는 스트레스를 많이 받으면 아무리 잠을 많이 자고 일어나도 전혀 개운하지 않다는 것입니다. 이렇게 같은 스트레스도 양극의 현상이 나타날 수 있기 때문에 잠자는 시간도, 쉬는 시간도 충분하다고 생각하는 건 엄마 기준일 수 있다는 것입니다.

마지막 네 번째는 "힘들다는 아이를 공감하기 어렵다."라는 부분을 얘기합니다. 이것은 엄마가 생각하기에 '수험생이라면 당연히 이렇게 해야 한다.'는 엄마만의 생각과 틀이 있는 것은 아닌지 생각해 봐야 한다고 말합니다. 사연을 읽어보면 '엄마가 수험생 아들에 대해 평가·판단하는 생각들이 크게 자리 잡고 있어서 아이와 진정으로 연결하기 어려운 것이 아닌가?'라고 말하면서 이런 평가·판단하는 마음과 생각을 내려놓는 게 중요하다고 다시 한 번 강조합니다.

Tip. 어떻게 다르게 말할 수 있을까요?

이렇듯 평가·판단, 지레짐작, 단정 짓는 생각과 말들은 우리를 상대와 연결조차 못하게 만들고 관계의 큰 장벽을 만듭니다. 그렇다면 이런 평가·판단하는 말을 어떻게 다르게 할 수 있을까요? 상대를 공감하고 연결로 가기 위해서는 우선 나의 평가·판단의 생각은 나만의 생각일 수 있음을 인지해야 합니다. 상대를 평가·판단의 대상이 아니라 존재 자체로 바라보고, 그 사람 마음이 어떤지, 생각이 어떤지, 감정이 어떤지, 어떤 것을 중요하게 생각하고, 어떤 것을 원하고 필요로 하는지 들어보려고 노력하는 자세가 중요합니다.

평가·판단하는 말은 상대의 문제를 지적하는 말입니다. "넌 이래서 문

Tip. 어떻게 다르게 말할까?

팟빵, 대화만점 중에서

평가·판단하는 말

"넌 이래서 문제야"
"넌 이게 잘못됐어"
"넌 이게 틀렸어!"

마음 중심 진짜 공감

"혹시, 네 마음은 이런 거야?"
"아~ 그런 마음이구나.
그래서 그랬구나"

> 제야!", "넌 이게 잘못됐어!", "넌 이게 틀렸어!"라는 말이 대표적입니다. 이 말을 "혹시 네 마음은 이런 거야?, "그런 마음이구나. 그래서 그랬구나."라고 마음 중심의 진짜 공감의 말로 다르게 말해 볼 수 있습니다.

강요하는 말 습관

*

강요는 자신의 요구를 들어주지 않으면 벌이나 비난이 따를 것이라는 위협이 내포되어 있는 말입니다. 우리가 대화 중 가장 빈번

하게 사용하는 의사 표현의 한 형태이기도 합니다. 특히, 힘이 있는 사람들이 많이 쓰는 방법입니다.[20] 예를 들자면, “시키는 대로 하세요!”, “내 말대로 해!”, “다 먹어야 돼!”, “당근부터 먹어!”와 같은 말들이 강요하는 말들입니다.

사람들은 종종 강요하는 말을 할 때 “다 널 생각해서 하는 말이야.”라는 말로 표현하곤 하는데, 정작 듣는 사람은 ‘그게 어떻게 날 생각하는 거예요!’라고 반문하기도 합니다. 특히 강요하는 말은 부모와 아이와의 대화에서 많이 나옵니다. 예를 들어 부모는 아이에게 일찍 자야 한다고 말합니다. 부모한테 아이가 9시에 자는 게 중요한 이유는 일찍 자야지 성장도 하고, 키도 크고 여러 가지 잘 발달할 수 있기 때문에 아이를 걱정하고 생각하는 마음이 있습니다. 하지만 조금 더 깊이 들여다보면 아이의 욕구보다는 부모의 욕구가 커서 강요하는 말을 하게 될 때도 있습니다. 왜냐하면 아이가 일찍 잠들어야지 부모가 드라마도 보고, 술도 한 잔 마시고, 쉬기도 하고, 자신만의 시간을 좀 가질 수 있기 때문입니다. 그리고 우리 아이가 혹시 내가 평소 바람직하지 않다고 생각한 그런 아이로 클지도 모른다는, 아직 일어나지도 않은 일로 인한 부모 자신의 두려움 때문에 강요하는 말을 하기도 합니다. 정리하자면 강요하는 말은 나의 욕구가 너무 커서 상대의 욕구를 돌보지 못할 때, 부모의 욕구가 너무 커서 아이의 욕구를 돌보지 못할

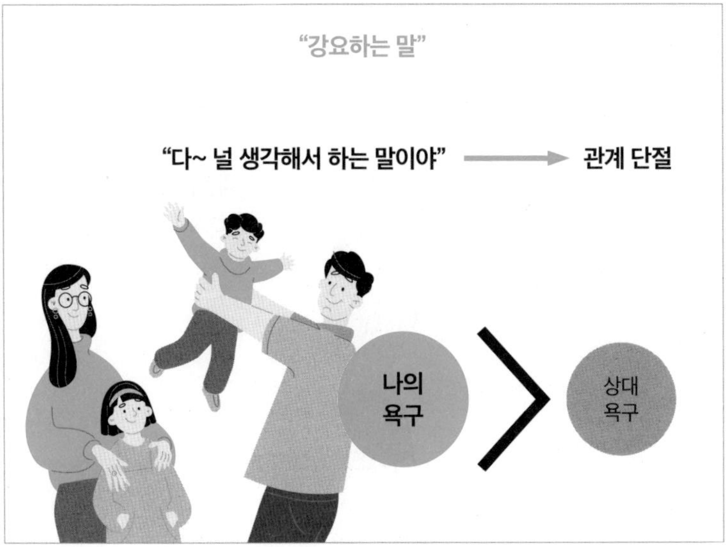

때 하게 되고, 이러한 강요는 단절로 가기 쉽습니다.

특히 강요의 말은 한 가지 수단이나 방법에 집착하게 되면 갈등이 증폭되기도 합니다. 예를 들어 성공하는 것이 중요하다고 생각하는 부모님이 있습니다. 그리고 성공하기 위해서는 공부만이 유일한 방법이라고 생각하고 있습니다. 그래서 부모는 아이에게 공부의 중요성에 대해서 자주 강조합니다. 게다가 부모 세대가 공부를 못해서 받은 설움이 있거나, 공부를 잘하면 혜택을 많이 얻는다는 것을 많이 보아온 세대라면 아이에게 더욱 공부하라고 강요할 수 있습니다. 그런데 세상은 변해가고 있습니다. 성공하기 위해서는 공부뿐만이 아니라 다양한 방법으로 성공을 할 수 있습

Tip. 어떻게 다르게 말할까?
팟빵, 대화만점 중에서

강요하는 말

"다~ 널 생각해서 하는 말이야."

마음 중심 진짜 공감

"걱정돼서 도와주고 싶어."
(같이 방법을 찾아보자)

니다. 공부만을 강요하면 갈등이 일어날 수밖에 없습니다. 만약에 공부로 인해 갈등이 생겼는데도 불구하고 계속해서 공부만 하라고 아이에게 강요한다면, 어느 순간에 아이는 부모에게 "엄마 이거 내 인생이에요. 상관하지 마세요!"라고 감정적으로 대응할 수도 있습니다. 이렇게 강요의 말은 한 가지 수단·방법에 집착하게 될 경우 갈등이 더욱 증폭되고, 관계가 연결보다는 단절로 가기 쉽습니다.

Tip. 어떻게 다르게 말할 수 있을까요?

강요하는 말은 "다 널 생각해서 하는 말이야."보다는 "걱정돼서 도와주고 싶어."라는 말로 다르게 말할 수 있습니다. 걱정돼서 도와주고 싶다는 말은 일방적으로 나의 방식이 맞으니 따르라는 의미가 아닌 함께 방법을 찾아보자는 마인드와 태도를 보여주는 말입니다. 즉, 진정으로 상대를 위하는 마음을 표현하는 말이라고 볼 수 있습니다.

강요의 말을 들어서 불편할 때는 날을 바짝 세워서 날카롭고 차가운 말로 답변하기보다는 "저는 그 말이 되게 불편하게 들리는데요. 저는 제가 선택하는 거, 그리고 저의 뜻을 존중받는 것이 중요해요."라고 상대에게 자신의 마음을 정확히 표현하는 것도 필요합니다.

당연시하는 말 습관

*

당연시하는 말은 '자신의 관점에서 당연한 행동을 하면 상을 받고, 그렇지 않으면 벌을 받아 마땅하다'라는 생각과 관점을 말합니다. 이런 관점으로 인해 '좋은 사람, 나쁜 사람 프레임'이 씌워지기도 합니다. 이것은 자신의 기준에서 어떤 행동을 한 사람은 좋은 사람, 안 한 사람은 나쁜 사람이 되는 것입니다. 대표적인 말에는 '당연하다', '마땅하다'가 있습니다. 예를 들어 "그 사람은 벌을 받아야 마땅해", "그 정도는 당연히 해야지!", "그건 당연한 거 아니야?", "그렇게 하는 게 당연해! 마땅해!" 이런 말들이 당연시 하는 말입니다.

특히 당연시 하는 말은 어떤 역할에 대한 프레임이 굉장히 강하게 반영되어 표현되어지곤 합니다. '상사라면 이래야 한다.', '리더라면 이래야 한다.', '엄마라면 이래야 한다.', '선생님이라면 이래야 한다.'처럼 역할마다 사람들이 기대하는 어떤 고정관념, 편견이 있습니다. 이런 역할에 대한 고정관념과 편견이 당연시하는 말로 많이 표현됩니다. 예를 들어, 남편 역할에 대해 '남편이라면 당연히 이래야 한다.' 이런 생각을 우리는 가지고 있습니다. '남편이라면 당연히 돈 벌어 와야 한다.', '남편이라면 당연히 살림과 육아를 해야 한다.', '남편이라면 당연히 음식물 쓰레기 분리수거를 해야 한다.', '남편이라면 당연히 무조건 내 편을 들어야 된다.', '남편이라면 당연히 나를 사랑해야 된다.' 하지만 주변을 돌아보면 이렇듯 당연하다고 생각하는 남편 역할을 하지 않는 사람도 있습니다. 돈 버는 것이 당연하다고 생각하지만, 돈을 벌지 않는 남편이 있고, 살림과 육아를 하는 것이 당연하다고 생각하지만, 살림과 육아를 하지 않는 남편이 존재합니다. 이렇듯 사람들이 역할마다 기대하는 어떤 행동을 안 할 수도 있습니다. 만약 다양한 역할들을 충실히 잘하고 있다면 그것은 그 사람이 기꺼이 하겠다고 선택한 일입니다. 그리고 누군가를 위해 기꺼이 하겠다고 선택한 행동에 대해 우리는 감사하는 마음을 표현해야 합니다. 만약 감사함이 아니라 당연하다고 치부한다면, 그것만큼 사람을 힘 빠지게 하는 일도 없을 겁니다. 이 세상에 당연한 것은 없습니다. 당연한 것에서 벗어나서 감사하는 마음을 가질 때 우리 삶은 감사할 것이 정말 많아지고, 진정한 연결로 나아가게 될 것입니다.

혹시 카카오 웹드라마 〈며느라기〉를 아시나요? '며느라기를 받으시겠습니까?'가 1편의 제목입니다. 제목부터가 어떤 내용일까 궁금증이 들게 하는 흥미로운 드라마입니다. 드라마가 나왔을 때 많은 사람들은 '며느라기'라는 단어가 생소하고 궁금하여 많이 보았다고 합니다. '며느라기'라는 말은 '며늘아기'라는 단어와 사춘기·갱년기 할 때 '기(期)'자를 합성한 말로 여자가 결혼해서 며늘아기가 되면 겪게 되는 것들을 뜻합니다. 드라마는 주인공 민사린이 결혼과 동시에 시월드에 입성하면서 겪게 되는 다양한 에피소드를 보여줍니다. 전국의 많은 며느리들이 보면서 '시월드 격공 일기'라는 표현에 엄청난 공감을 했다고 합니다. 이렇게 한국의 많은 며느리들의 공감을 이끌어 낼 수 있었던 드라마의 성공요인은 바로 며느리 역할에 대한 우리 사회의 '당연하다', '마땅하다'라는 프레임, 즉 역할에 대한 고정관념을 아주 강하게 잘 보여줬다는 점이 아닐까 싶습니다.

드라마를 보면 당연히 며느리가 "시어머니 생신 상 차려야지!", "당연히 명절날 며느리가 일해야지!", "아들은 피곤하니까 방에 들어가서 쉬어야지!", "며느리는 안부 전화를 자주 해야지!", "며느리가 안 하면 그럼 누가 해!" 이런 대사들이 자주 나옵니다. 이 대사들은 우리 사회가 며느리 역할에 대해서 갖고 있는 '당연히 해야 한다', '마땅히 해야 된다'라는 프레임, 역할에 대한 고정 관념을 아주 잘 보여주고 있습니다. 이렇게 당연하고 마땅히 해야 한다는 말은 진정한 대화를 방해하고, 관계를 망치게 하는 대표적인 말입니다.

이런 며느라기는 회사에도 있습니다. ○○기업에 대졸 공채로 입사한 지연 씨는 입사 후부터 팀장님과 갈등을 겪고 있습니다. 갈등의 시작은 다름 아닌 '커피'였습니다. 입사 후 팀 배정을 받고 3개월 정도 되었을 때였는데, 어느 날 팀장님을 찾아온 손님이 있었다고 합니다. 팀장님은 큰 소리로 "지연 씨! 여기 커피 3잔만 타와!"라고 말씀하셨습니다. 지연 씨는 이 말을 듣고 너무 기분이 나빴습니다. '우리 엄마 아빠가 회사 가서 커피나 타라고… 이런 대접 받으면서 일하라고 그렇게 많이 가르치고, 열심히 키워주신 거 아닌데… 나도 귀한 집 귀한 딸인데….'라는 생각이 들면서 서러운 감정이 북받쳐 올랐습니다. 하지만 상사니깐 마지못해 커피 3잔을 타다 주었습니다. 그런데 팀장님은 다음에도, 또 다음에도 손님만 오면 지연 씨에게 커피를 타오라고 말했습니다. 지연 씨는 함께 입사한 남자 사원도 있는데… 왜 커피는 여자가 타는 것이 당연하고… 왜 가장 막내가 타는 것이 당연하다고 생각하는지 꼰대 같은 팀장님이 이해가 되지 않았습니다. 아니 이해하고 싶지도 않았습니다. 결국 꾹꾹 눌러왔던 지연 씨의 감정이 폭발하고 말았습니다. 자기도 모르게 "팀장님! 팀장님 딸 같으면 이렇게 하시겠어요?"라며 울음을 터트렸습니다. 이날 이후 팀장님과 지연 씨 사이에는 엄청 차갑고 두꺼운 벽이 세워졌습니다. 팀장님에게 지연 씨는 버르장머리 없고, 조직생활 못하는 이기적인 요즘 것들이 되었고, 지연 씨에게 팀장님은 권위적이고 부하 직원을 존중하고 배려할 줄 모르는 존경할 거리가 1도 없는 상사가 되었습니다.

지연 씨는 단순히 커피를 타는 일이 싫은 것이 아니라고 말합니다. 커피를 타오라는 팀장님의 말투에서 배어 나오는 "여자라면, 막내라면 당연히 커피를 타야 한다."는 생각과 태도에 화가 났다고 합니다. 이런 말을 들었을 때 팀장님이 자신을 하찮게 여기고 무시하는 것 같아 많이 서럽고 슬펐고, '나는 이 팀에서 어떤 존재인가?' 이런 생각이 많이 들었다고 합니다. 팀장님이 자신에게 '당연히 커피를 타야 한다'가 아니고 "지연 씨~ 지금 일 하느라 많이 바쁘죠? 미안한데… 지금 손님이 와서 커피 3잔만 부탁할게요. 고마워요."라고 상대를 존중하는 태도로 부탁한다면 기꺼

Tip. 어떻게 다르게 말할까?
팟빵, 대화만점 중에서

이 웃는 얼굴로 할 수 있다고 합니다. 이렇게 당연시하는 말 또한 갈등을 일으키고 관계를 망치는 씨앗이 됩니다.

> Tip. 어떻게 다르게 말할 수 있을까요?
>
> 이런 당연시하는 말은 "이렇게 하는 거 당연한 거 아니야?"라고 말하기보다는 누군가를 위해서 기꺼이 하겠다고 선택한 사람에게 "너의 선택에 감사해", "이렇게 해줘서 정말 고마워"처럼 감사함을 표현하는 말로 다르게 말해 볼 수 있습니다.

책임을 부인하는 말 습관

*

책임을 부인하는 말은 자신의 생각, 느낌, 행동에 대해서 책임을 부인하는 것입니다. 보통 책임을 부인할 때는 "내 책임이 아니야!"라고 말하는데, 이런 책임을 부인하는 원인에는 정말 다양한 것들이 있습니다.

첫 번째, '아이가 거짓말을 했기 때문에 때렸다.'는 내가 아이를 때린 행동은 내 책임이 아니라 아이가 거짓말을 한 것처럼 다른 사람의 행동에 원인이 있다고 말하는 것입니다.

두 번째, '사는 게 다 그런 거니까!'는 내 책임이 아니라 막연하고 일반적인 이유가 원인이라는 것입니다.

세 번째, '나는 우울증 환자이기 때문에 우울한 거야!'는 내 책임이 아니라 다른 사람이나 자신이 붙인 꼬리표 때문이라는 것입니다.

네 번째, '상사가 고객한테 그렇게 하라고 했기 때문에 한 거야!'는 내 책임이 아니라 권위자의 지시 때문에 어쩔 수 없었다는 것입니다.

다섯 번째, '다른 애들이 다 담배 피우니까 나도 피웠다.'는 내 책임이 아니라 집단의 압력 때문에 어쩔 수 없었다는 뜻입니다.

여섯 번째, '학교의 규칙이라 할 수 없이 학생을 정학시켰다.'는 내 책임이 아니라 제도상의 규칙이나 규제 때문이라는 것입니다.

일곱 번째, '나이가 차면 다 해야 된다고 하니까 결혼했다.'는 내 책임이 아니라 연령별, 사회적, 성적 역할 때문이라는 것입니다.

여덟 번째, '나도 모르게 케이크를 혼자 다 먹어 버렸다.'는 내 책임이 아니라 자제할 수 없는 무의식적 충동 때문이라는 것입니다. 이렇게 책임을 부인하는 원인과 말들이 정말 많습니다.

TV 프로그램에서 "너 때문이야!"라는 말은 상대를 비난하는 부정적인 뜻이 내포되어 있는 말이기 때문에 좀 더 긍정적인 의미인 "당신 덕분입니다."로 바꾸어 말해야 한다고 이야기하는 장면을 한 번쯤은 본 적이 있을 겁니다. 그래서 사람들은 긍정적인 의미가 더 잘 전달될 수 있도록 "때문이야"보다는 "덕분이야"를 많이 쓰려고 합니다. 그러나 주변을 둘러보면 생각보다 "너 때문이야!"라고 직접적으로 말하지 않지만 "너 때문이야!"라는 뉘앙스로 하는 말들이 정말 많습니다. 길거리에서 운전을 하다가 시비

Tip. 어떻게 다르게 말할까?
팟빵, 대화만점 중에서

책임을 부인하는 말

"너 때문이야."
"내 책임이 아니야."

마음 중심 진짜 공감

"함께 방법을 찾아볼까?"

가 붙은 광경을 생각해 보면 "당신이 먼저 소리 질렀잖아!", "욕했잖아!", "당신이 먼저 화냈잖아!" 이런 말을 하는 장면을 본적이 있을 겁니다. 이러한 말들은 어떤 말인가요? '당신이 먼저 소리 지르고 욕하고 화냈기 때문에 이제부터 나도 하겠습니다. 내가 욕하는 건 모두 당신 책임입니다'라고 말하는 것입니다. 가정에서는 "네가 거짓말을 하니까 엄마가 때렸지!", "이렇게 방이 지저분하니까 아빠가 화를 냈지!"라고 말하는 경우가 있는데, 이런 말도 책임을 부인하는 말입니다. 또 이런 말도 있습니다. "그래. 네 인생 네가 알아서 해라!", "네 팔자대로 살아라!" 같이 상대에게 화풀이를 하면서 결과가 어떻든지 간에 나는 책임이 없다고 말하기도 합니다. 이렇게 책임을 부인하는 말들은 어떤 말로 표현하더라도 관계를 연결보다는 단절로 만들기 쉽습니다.

> Tip. 어떻게 다르게 말할 수 있을까요?
>
> "너 때문이야! 내 책임이 아니야!"라고 책임을 부인하는 말은 어떻게 다르게 말해볼 수 있을까요? 사람들은 결과에 대한 모든 것을 자신이 책임지게 될지도 모른다는 걱정과 염려되는 마음에서 책임을 부인하는 말들을 하곤 합니다. 그러나 '책임진다'의 반대가 꼭 '책임 부인'은 아닙니다. 어떤 문제가 발생했을 때 책임을 부인하고 회피하려고 하기보다는 함께 방법을 찾아 보고 해결해 나가려고 하는 마인드, 자세와 태도를 갖추는 것이 중요합니다. 그래서 "너 때문이야! 내 책임 아니야!"처럼 책임을 부인하는 말은 "함께 방법을 찾아 볼까?"라고 조금 다르게 표현해 볼 수 있습니다.

비교하는 말 습관

☆

비교하는 말은 판단의 한 형태입니다. 『자신을 불행하게 만드는 법(How to Make Yourself Miserable)』이라는 책에서 댄 그린버그(Dan

Tip. 어떻게 다르게 말할까?
팟빵, 대화만점 중에서

비교하는 말

"옆집 애는 그랬다더라"

마음 중심 진짜 공감

"내가 원하는 것은 이거야"

Greenburg)는 "자신의 삶을 가장 비극적으로 만들고 싶다면 끊임없이 다른 사람과 비교하라."고 말합니다.[20] 그만큼 비교하는 말이 우리 삶에 부정적인 영향을 준다는 것입니다. 비교가 얼마나 우리 삶을 피폐하게 만드는지는 더 강조하지 않아도 다 잘 아실 거라 생각합니다. 비교하는 말의 대표적인 예는 "엄마 친구 아들은 그랬다더라!", "누구네 남편은 이번에 부장으로 승진했대!", "넌 왜 누구보다 못하니!", "누구네는 이번에 더 큰 평수로 이사한대!"와 같은 말들입니다.

1	평가·판단	"넌 이게 문제야! (잘못됐어, 틀렸어)"	→	"네 마음은 이런거야?"
2	강요	"다~널 생각해서 하는 말이야."	→	"걱정 돼서 도와주고 싶어."
3	당연시· 마땅히	"당연한 거 아니야?"	→	"너의 선택에 감사해" "이렇게 해줘서 고마워."
4	책임부인	"너 때문이야!"	→	"함께 방법을 찾아볼까?"
5	비교	"옆집 애는 그랬다더라."	→	"내가 원하는 건 이거야."

우리는 SNS 홍수 시대, 비교의 시대를 살아가고 있습니다. 틈틈이 시간이 날 때마다 핸드폰을 들고 SNS를 보면서 나도 모르게 타인의 삶과 나의 삶을 비교하곤 합니다. 개인의 성격을 비롯해서 학력, 집안, 외모, 배우자, 인맥, 경험, 소비, 재력 등등을 비교하면서 상대적 박탈감을 느끼고 불행한 마음을 느낍니다. 그리고 이런 비교의 말은 속으로 생각하는 것도 독이 되지만, 상대에게 직접적으로 표현할 경우에는 비난하는 의미가 내포되어 있어서 관계의 연결보다는 단절로 가기 쉽습니다.

Tip. 어떻게 다르게 말할 수 있을까요?

우리는 대화를 할 때 우리가 원하는 것이 무엇인지 말하면서 대화를 하게 되는데, 내가 원하는 것을 가장 비극적으로 표현하는 방법이 바로 비교입니다. “옆집 애는 그랬다더라!”처럼 비교의 말로 불평하고, 비난하는 것이 아니라 “내가 원하는 건 이거야!”라고 내가 원하는 것을 직접적으로 말하는, 즉 욕구 표현으로 다르게 말한다면 더욱 연결로 가기 쉬워질 것입니다.

충고·조언·교육하는 말 습관

*

한 친구가 너무 힘들어서 “난 인생의 루저야. 아무것도 해 놓은 게 없어!”라고 말했습니다. 이 말을 듣고 “그 나이 때는 한 번쯤 다 그런 생각하는 거야! 그게 문제라면 ○○○○○ 책을 읽어 보면 아주 도움이 될 거야!”라고 답변하는 것이 충고하고 조언하고 교육하는 말들입니다. 물론 상대가 나를 도와주고 싶은 마음에서 이런 말을 했다는 건 알지만 우리는 이런 순간에 충고와 조언을 듣고 싶지 않습니다. 인생의 루저라는 생각이 들 정도로 지금 내가 얼마나 참담하고 좌절감을 느끼고, 슬픈 감정인지 나의 마음을 알아주기를 원하는데, 이렇게 마음을 알아주기보다는 충고하고 조언한다면 연결보다는 단절에 더 가까워집니다.

충고와 조언은 상대가 도와달라고 요청할 때 해 주어야 진정한 빛을 발할 수 있습니다. 왜냐하면 상대가 요청하지 않는 충고와 조언은 오히려 비난이 될 수 있기 때문입니다. 드라마 〈나의 해방일지〉에서 주인공 염미정은 전 남자친구를 위해 대출을 받아서 돈을 빌려줍니다. 그런데 남자친구가 그 돈을 가지고 아무 말도 없이 해외로 사라져 버립니다. 결과적으로 염미정은 남자에게 돈을 뜯긴 여자가 돼버리고 말았습니다. 전 남자친구에게 대출받아 돈을 빌려준 사실을 집에서 알기 직전이고, 오늘은 꼭 연락 달라고 메시지를 보냈지만, 전 남자친구는 메시지를 읽지도 않습니다. 염미정은 어쩔 수 없이 그가 전화를 받을 때까지 계속 전화를 걸었고, 비로소 통화가 됐을 때 전화를 받은 건 전 남자친구의 전 여자친구였습니다. 전 여자친구는 염미정의 선배이기도 합니다. 소문대로 전 남자친구는 해외에 있는 전 여자친구에게 돌아갔던 것이었습니다. 통화 중 전화를 넘겨받은 전 남자친구는 염미정이 곧 카드가 정지되고 신용불량자가 될지도 모른다며 울먹이는 말에 나중에 다 갚는다고 당장은 한 푼도 없는데 어쩌라는 거냐며 화를 내고 전화를 끊습니다.

이렇듯 곤란하고 참담한 상황에 염미정은 초등학교 때 일을 떠올립니다. 초등학교 1학년 때 20점을 받은 적이 있다고 합니다. 시험지에 부모님 확인 사인을 받아야 하는데 꺼내지 못하고 망설이며 시험지가 든 가방만 쳐다보았다고 합니다. 그때 마음이 돌덩이처럼 무거웠다고 합니다. 사인은 받아야 하는데, 보여주면 안 되고, 해결은 해야 되는데, 엄두가 나질 않는… 예전의 그 일이 지금 상황과 비슷한지 생각이 난다고 합니다. 뭐가 들키지 말아야 하는 20점짜리 시험지인지 모르겠다는 염미정. 남자한테 돈 꿔 준 바보 같은 나인지, 여자한테 돈 꾸고 갚지 못한 그놈인지, 그놈이 전 여친한테 갔다는 사실인지, 그냥 내가 20점짜리인 건지… 도대체 뭐가 숨겨야 하는 20점짜리 시험지인지 모르겠다고 말합니다.

또 다른 주인공 구 씨는 이런 참담한 감정을 느끼고 있는 염미정에게 남자친구가 떼먹은 돈을 대신 갚았냐며, 그 사람은 너가 그렇게 나오는 거 아니까 그따위로 구는 거라며 비난 섞인 충고와 조언을 합니다.

이 말을 듣고 화가 난 염미정은 이 꼴 저 꼴 안 보고 깔끔하게 잘 끝냈다 말해줘도 되지 않느냐, 인터넷에서만 보던 남자한테 돈 뜯기는 빙신 같은 게 나라는 거… 엄마 아버지 세상 사람들이 다 알게 난장 까야 되는 거냐며 구 씨를 쏘아붙입니다. 남들이 보기에 바보 멍충이 같아도 어쩔 수 없이 자신은 이런 사람이니깐 그냥 내버려 두라고, 제발 도와달라고 말하면 그때 도와달라고 말합니다. 얼굴을 붉히는 것도 힘든 사람한테 죽기 살기로 덤비라고 충고하는 것은 안 그래도 힘든 사람을 더 힘들게 만드는 일이라고 토로합니다. 주인공 염미정의 말에서 알 수 있듯이 우리는 충고나 조언보다는 그 순간 내가 어떤 감정이고, 어떤 걸 원하고 있는지 마음을 토닥여 주길 원합니다. 즉 마음 중심의 진짜 공감을 원한다는 걸 알 수 있습니다.

분석·진단·설명하는 말 습관

*

분석·진단·설명하기는 뭔가 좀 명료하고 질서와 규칙을 중시하는 생각 중심의 대표적인 말입니다. 예를 들어, 친구가 "난 인생의 루저야. 아무것도 해 놓은 게 없어!"라고 이야기하는데 "요즘 그런 식으로 자주 생각하는 거 보니까, 너 우울증 초기인 것 같다.", "내가 보기에는 네가 원래 성격이 좀 내성적이라서 그런 거 같아.", "아무래도 네가 MBTI에서 ○○○○유형이라서 그런 게 아닐까?"라면서 자꾸 뭔가를 분석하면서 말하는 것입니다. 이런 말들은 병원에 갔을 때 의사 선생님께 병명을 진단받는 느낌과 같습니다. 우리는 병원에 진단받으러 간 것이 아닙니다. 마음 중심의 진짜 공감을 원하는데 자꾸 분석하고, 진단하고, 설명하는 말을 하는 것은 연결에 도움이 되지 않습니다.

바로잡는 말 습관

*

바로잡기는 내가 A라고 얘기했는데, 상대가 A가 아니라 B라고 바로잡는 것을 말합니다. 친구가 "난 인생의 루저야. 아무것도 해 놓은 게 없어!"라고 말하는데 "아니 루저라니 무슨 소리야! 네가 해 놓은 게 얼마나 많은데, 그건 네가 잘못 생각하는 거야!"라고 말하는 것이 바로잡기입니다.

어느 날 시어머니가 집에 오셨다 가셨습니다. 어머니가 가시고 아내는 남편에게 "여보, 어머니는 왜 우리 집에만 오시면 냉장고고, 찬장이고 다 열어 보시나 몰라! 내가 살림 잘하나 못하나 검사하시나?"라고 말했습니다. 그랬더니 이 말을 들은 남편이 "우리 엄마가 또 무슨 검사를 했다 그래. 다 당신 도와주려고 그러시는 거지. 당신은 꼭 삐딱하게 받아들이더라!"라고 말합니다. 이렇듯 상대의 생각이 틀렸다며 다시 정정해 주는 것이 바로잡기입니다. 이런 바로잡기 표현 어떤가요? 실제 부부 사이에 이런 대화가 오갔다면 관계는 어떻게 됐을까요? 아마 상상해 보시면, 연결보다는 단절에 가까워졌으리라는 걸 쉽게 짐작하실 수 있습니다.

자기 이야기하는 말 습관

*

내 이야기 하기는 상대방이 말할 때 중간에 말을 가로채서 내 이야기를 하는 것입니다. 친구가 "난 인생의 루저야. 아무것도 해 놓은 게 없어."라고 말하고 있는데 중간에 말을 가로채서 "너도 그래? 어쩜 그렇게 나랑 똑같니! 말도 마! 나는 요즘 되는 일이 하나도 없어서 딱 죽고 싶다니까!"라면서 상대의 이야기를 듣기보다는 자신의 이야기를 계속 말하는 것을 뜻합니다.

얼마 전 태국 여행을 다녀온 세미 씨는 친구를 만났습니다. 이야기를 하다가 "나 이번에 모처럼 시간 내서 태국 방콕 여행 다녀왔어, 정말 엄청 덥긴 했는데 오랜만에 나만의 시간을 가질 수 있어서 참 좋았어!"라는 말을 했습니다. 그런데 이 말을 듣고 친구가 세미 씨의 말을 가로채며 "어머 나도 태국에 여러 번 갔었는데 정말 좋지! 나는 방콕, 푸켓, 파타야, 코사무이, 치앙마이 다섯 군데나 다녀왔어! 그중에서 코사무이가 제일 좋더라!"라고 하면서 자신의 방콕 여행기를 계속 길게 이야기합니다. 그래서 정작 처음에 말을 꺼낸 세미 씨는 진짜 자기가 하고 싶었던 말을 하지 못한 채 집에 돌아갔습니다. 이렇게 상대의 이야기를 집중하여 듣지 않고 자신의 이야기만 함으로써 연결보다는 단절에 가까워지게 만드는 것이 바로 자기 이야기하기입니다.

감정 흐름을 중지시키는 말 습관

*

감정 흐름을 중지시키는 말은 청자가 화자의 감정을 받아주기가 신체적, 정신적으로 어려울 때 분위기를 전환시키고자 하는 말입니다. 친구가 "난 인생의 루저야. 아무것도 해 놓은 게 없어!"라고 말하는데 "그렇게 풀 죽어 있지 마!", "기운 내서 이 상황을 좀 다르게 보자!", "이 세상에 너보다 힘든 사람이 얼마나 많은데…", "됐어! 시끄러워. 그만 좀 해!", "우리 그만하고, 술이나 한잔 하러 가자!"라고 말하면서 그런 감정은 이제 그만 느끼라는 뉘앙스로 하는 말이 감정 흐름 중지하기입니다.

"진짜 힘이 없어서 힘을 못 내는 건데, 이런 상태에서 힘내라고 말하는 게 제일 싫다."는 말을 한 번쯤은 들어본 적 있을 겁니다. 그저 지금 내 마음이 이래. 이런 감정이야. 이런 내 마음 좀 알아달라는 표현을 한 것뿐인데 대화 상대가 "그런 감정 이제 그만 느껴!"라는 말투와 뉘앙스로 이야기하는 순간 관계는 서서히 연결보다는 단절로 가게 됩니다.

Tip. 어떻게 다르게 말할 수 있을까요?

6	충고·조언·교육	→ 마음 중심, 진짜 공감으로 듣기	❶ 어떤 마음인지 물어보기 ❷ 평가·판단 금지, 현존하기 ❸ 공감하기 "혹시, 네 마음은 이런거야?" "아~그런 마음이구나. 그랬구나." ❹ 적극적으로 돕기
7	분석·진단·설명		
8	바로잡기		
9	자기 이야기하기		
10	감정 흐름 중지		

지금까지 우리도 모르게 대화를 단절시키는 습관 10가지에 대해 살펴보았습니다. 그런데 이런 대화를 단절시키는 말들을 계속 들으면 어떻게 될까요? 이런 말을 반복적으로 계속 들으면 사람들은 어느 순간 거부감을 가지게 되고, 방어적이 됩니다. 그리고 때로는 저항하고 반격하고 싶어지기도 합니다. 이런 말들은 정신적인 폭력이 되고, 최악의 경우에는 물리적인 폭력으로까지 옮아가기도 합니다. 그래서 이제 우리는 평가·판단·비난하지 않고 서로 연결로 갈 수 있는 새로운 마음 연결 대화, 4단계 공감 대화법이 절실히 필요합니다.

챕터 3

3단계

타인 연결하기

해머로 자물쇠는 열리지 않는다. 자물쇠에 맞는 열쇠라면 열린다.

타고르

1

마음 연결 대화 4가지 요소

관계의 단절이 아닌 진정한 연결을 위해서는 먼저 NVC(비폭력 대화), 다른 말로 마음 연결 대화 모델을 살펴보아야 합니다. 마음 연결 대화 모델을 보면 상단에 솔직하게 말하기, 공감으로 듣기가 있습니다. 그리고 하단에는 솔직하게 말하고, 공감으로 듣기 위해서 관찰, 느낌(감정), 욕구, 부탁이라는 대화의 4가지 요소가 필요함을 알 수 있습니다. 지금부터는 이 4가지 요소가 무엇인지, 그리고 대화에 어떻게 적용하여 사용하는지 구체적인 방법에 대해 알아보도록 하겠습니다.

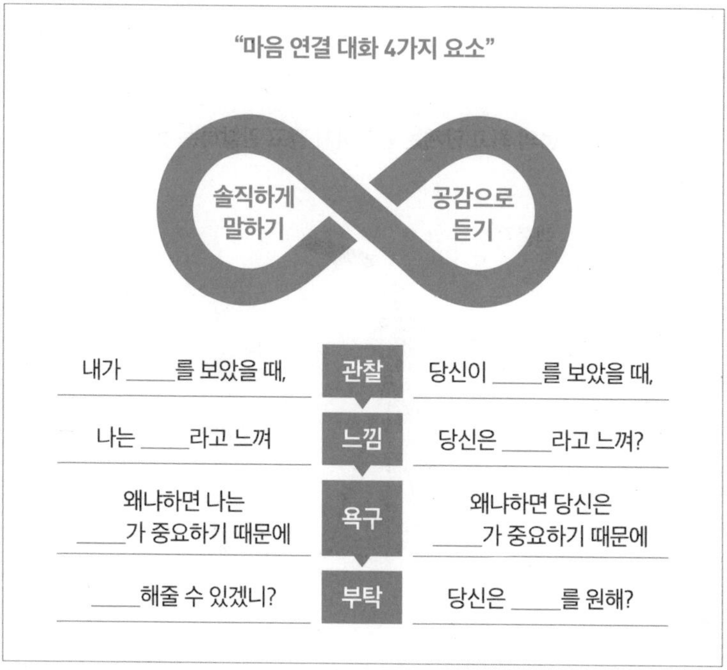

① 관찰

있는 그대로 봐요

*

마음 연결 대화의 첫 번째 요소는 관찰입니다. 관찰하기는 마치 카메라를 들고 녹화하듯이 본 대로 들은 대로 있는 그대로 객관적이고 구체적으로 표현하는 것을 말합니다. 인도의 철학자 크리슈나무르티(Jiddu Krishnamurti)는 "지능의 최고 단계가 판단하지

않고 관찰하는 것"이라고 했습니다.[21] 이 말은 그만큼 관찰한 대로 있는 그대로 객관적, 구체적으로 말하기가 어렵다는 것을 뜻합니다. 우리는 보통 현상에 대해 관찰한 대로 말하지 않고, 나의 해석을 덧붙인 평가·판단의 말로 상대를 공격하는 말들을 하는 경우가 많기 때문입니다.

우리는 어떤 상황을 보고 바로 '더러워!'라는 말을 하기도 합니다. 대화의 맥락을 모르는 상태에서 더럽다는 말을 들으면 더럽다는 것이 환경이 더럽다는 건지, 아니면 어떤 일을 하기에 어려움이 있다는 것을 더럽다고 표현한 것인지 알 수 없지만 이 말에 평가·판단의 의미가 내포되어 있음은 느껴집니다. 또 어떤 때는 자동적으로 입에서 '잘 빠졌다!'라는 말이 나오기도 합니다. 잘 빠졌다는 말 또한 대화의 맥락을 모른 채 들으면 잘 빠진 게 사람이 잘 빠진 건지 자동차가 잘 빠진 건지 알 수 없습니다. 하지만 이 말 또한 평가·판단하는 의미가 내포되어 있다는 것을 알 수 있습니다.

평가·판단의 말은 관찰로 바꿔서 표현할 필요가 있습니다. 왜냐하면 사람들은 있는 그대로가 아닌 어떤 해석을 덧붙인 평가·판단의 말에 반응하기 때문입니다. 반응한다는 것은 평가·판단의 말을 듣고 반격하는 것을 뜻하는데, 일반적으로 이런 경우 우리는 '말렸다'라는 표현을 쓰기도 합니다. 예를 들어 "넌 왜 이렇게 게을러 터졌어? 허구한 날 퍼질러 있어?"라는 말에서 '게으르다', '허구한 날', '퍼질러 있다'는 표현이 평가·판단의 말입니다. 이 평가·판단의 말에 반응한다면 "내가 뭘 또 허구한 날 그랬냐?", "그러는 너는 부지런하냐?" 이렇게 말할 수 있습니다. 또 "집구석이 왜 이렇게 돼지우리 같냐!"라는 말에서는 '집구석', '돼지우리'라는 표현이 평가·판단의 말입니다. 이 평가·판단의 단어에 꽂혀 반응하게 되면 "당신이 집에 있어 봐! 내가 집에서 노는 줄 알아!"라고 반격할 수도 있습니다. 그리고 "왜 저를 무시하세요!"라는

"평가·판단의 말에 반응한다"

"넌 왜 이렇게 게을러 터졌어? 허구한 날 퍼질러 있어?"

↓

"뭘 허구한 날이냐? 그러는 너는 부지런하냐?"

"집구석이 왜 이렇게 돼지우리 같냐?"

↓

"당신이 집에 있어봐. 내가 집에서 노는 줄 알아?"

"왜 저를 무시하세요?"

↓

"제가요? 언제 당신을 무시했어요?"

말에서는 '무시'라는 단어가 평가·판단의 말입니다. 무시라는 단어에 반응하게 되면 "제가요? 언제 제가 당신을 무시했는데요?"라고 말할 수 있습니다.

문제는 우리는 평가·판단의 말에 반응하고 반격하느라 정작 상대가 왜 그런 말을 하게 되었는지 그 사람의 마음을 물어보고 다독여 줄 마음의 여유가 없다는 것입니다. 결국 '맞다, 틀리다, 옳다, 그르다' 시시비비(是是非非)를 가리는데 대부분의 에너지를 써버려서 결국 연결로 가기 위한 에너지는 거의 남아 있지 않은 경우가 많습니다.

관찰은 평가·판단과 달라요

☆

우리는 대화를 시작할 때 내가 하려는 말이 관찰인지 평가·판단이 섞인 말인지 구분하고 사용해야 합니다. 관찰로 이야기를 시작하면 나도 편안하고, 상대 또한 자기 자신에 대해 생각하게 되고 대화에 집중하게 됩니다. 하지만 평가·판단으로 이야기를 시작하면 평가·판단하는 말에 반응하고 서로 시시비비(是是非非)를 가리느라 본래 대화의 목적을 상실하게 되는 경우가 많습니다. 따라서 대화를 시작할 때는 평가·판단의 말이 아니라 관찰로 말하는 것이 중요합니다. "그렇게 삐쩍 말라서 무슨 일을 하겠냐?"라는 평가·판단의 말보다는 "말랐네"라고 담백하게 관찰로 표현할 수 있습니다. "왜 저를 무시하세요?"가 아니라 "제가 들어오면서 인사를 했는데 안 받아 주시더라고요"라고 다르게 표현하는 것이 필요합니다.

그런데 관찰로 이야기하다가 관찰로 대화가 끝나버리면 때로는 상대에 대한 비판·비난이 되기도 합니다. 예를 들어 퇴근하고 집에 갔는데 설거지가 산더미처럼 쌓여져 있습니다. 이 모습을 보고 배우자에게 "설거지가 그대로 있네!" 그냥 있는 그대로 이야기합니다. 그런데 만약 어제저녁에 부부 싸움을 했거나 관계가 좋지 않은 상태라면 이 말을 듣고 어떤 생각이 들까요? 아마 '또 시비를 거는구나! 아주 건수 잡았네!' 이런 생각이 들 수도 있습니다. 그래서 우리가 대화를 할 때는 관찰로 말하는 것이 중요하지만 관찰로 대화가 끝나면 비판·비난이 될 수 있기 때문에 관찰 표현 다음에는 꼭 느낌(감정)을 붙여서 이야기하는 것이 중요합니다.

② 느낌(감정)

느낌(감정)표현 어떻게 하고 있나요?

*

마음 연결 대화의 두 번째 요소는 느낌(감정) 표현하기입니다. 그런데 "느낌(감정)을 어떻게 표현하세요?"라고 물어보면 사람들은 "너 때문에 상처받았어!", "너한테 실망했어!", "너 때문에 진짜 폭발할 것 같아!", "당신이 오늘도 회식이라고 하니까 외로워!", "네 성적표를 보니까, 엄마가 슬퍼!", "네가 약속을 안 지켜서 서운해!"와 같은 표현을 많이 한다고 합니다. 이런 표현을 들으면 '저 사람이 저런 느낌(감정)이구나!'라고 상대방이 느낄 수는 있겠지만 듣고 나서 뭔가 조금 찝찝함이 남습니다. 그것은 그 느낌(감정)표현의 말 속에 '너 때문이야!'라는 나를 비난하는 내용이 들어 있기 때문입니다. 이렇게 나의 느낌(감정)의 원인이 타인한테 있다고 표현하는 방법을 '죄책감 쑤시기'라고 합니다. 혹시 나도 상대방에게 뭔가 찝찝한 죄책감을 주면서 나의 느낌(감정)을 표현하고 있는 것은 아닐까? 생각해 보고 좀 더 건강하게 나의 느낌(감정)을 표현하는 방법에 대한 고민이 필요합니다.

내 안에 원인이 있어요

*

나의 느낌(감정)의 원인은 타인에게 있지 않습니다. 대화 중 나의 느낌(감정)을 표현하고 싶다면 이런 죄책감 쑤시기 표현보다는 '내 느낌(감정)의 원인은 모두 내 안에 있다.'는 관점으로 다르게 표현하는 것이 중요합니다. 왜냐하면 우리는 일반적으로 자신의 느낌(감정)의 원인은 외부에 있다는 사고를 가지고 있기 때문입니다. 예를 들어, 걸음마 하는 아이가 걷다가 '꽈당!'하고 넘어져서 웁니다. 그럴 때 어른들은 아이를 달래주기 위해 "아이고! 바닥이 잘못했네. 때찌 때찌 해주자!", "의자가 잘못했네! 때찌 때찌!" 이런 말을 하기도 합니다. 그러나 바닥이나 의자는 아무 잘못이 없습니다. 넘어져서 우는 아이를 그냥 달래주려고 하는 말이지만, 문제는 이런 식의 대화가 계속 이루어지다 보면 어느 순간 아이는 '아프고 힘들고 어떤 부정적 감정이 생기면 그 원인이 내 안이 아니라 외부에 있구나!'라고 학습을 하게 됩니다. 이런 학습을 많이 하면서 성장한 아이는 나쁜 감정이 들었을 때 자신에게 나쁜 감정을 들게 한 대상에게 벌을 주는 데 자신의 많은 에너지를 사용하면서 살아가게 될 확률이 높습니다.

다시 아이가 우는 상황을 살펴보겠습니다. 아이는 왜 울었을까요? 우는 데 목적이 있었을 겁니다. '꽈당!'하고 넘어졌을 때 아이는 마음속으로 '많이 아파요! 위로해 주세요! 너무 위험했어요! 보호해 주세요!'라고 외치고 있었을지 모릅니다. 즉 아이의 울음은 위로가 필요하고, 보호를 해 달라는 것이 목적이었을 겁니다. 그런데 "아이고! 바닥이 잘못했네! 때찌 때찌!", "의자가 잘못했네! 때찌 때찌!"라고 말하면, 아이의 이런 목적이 달성될까요? 이런 말과 행동은 전혀 아이의 목적 달성하고는 관계가 없습니다. 이렇듯 나의 느낌(감정)은 외부에 있는 것이 아니라 내 안에 있습니다.

내 마음의 신호등이에요

*

느낌(감정)은 나의 욕구가 충족됐는지 안됐는지를 보여주는 신호등이라고 할 수 있습니다. 욕구란 그 순간 그 상황에 내가 진짜 중요하게 생각했던 것, 원하고 필요로 했던 것을 의미합니다. 만약 내가 원하는 욕구가 충족되면 행복하고, 즐겁고, 기쁘고, 고맙고, 만족스럽고, 편안한 긍정적 감정이 느껴집니다. 하지만 욕구가 충족되지 않으면 실망스럽고, 서운하고, 속상하고, 힘들고, 걱정되고, 슬프고, 괴롭고, 우울한 부정적 감정이 느껴집니다. 관계적인 측면에서 봤을 때 부정적인 느낌(감정)보다는 긍정적인 느낌(감정)

을 느낄 때 우리는 마음과 마음이 더 연결된 것 같은 느낌이 듭니다. 따라서 느낌(감정)은 사람의 마음과 마음이 만나고 연결될 때 좀 더 긍정적인 작용을 하기 때문에 우리가 관계나 어떤 소통을 할 때는 생각 중심의 말보다는 느낌(감정) 중심의 말을 많이 사용하면 연결에 더 가까워질 수 있습니다.

느낌(감정)은 몸으로 표현되기도 하고, 반대로 몸의 상태나 표현에 의해서 느낌(감정)이 바뀔 수도 있습니다. 다시 말해 몸과 감정은 밀접하게 연결되어 있으며 유기적으로 관계를 주고받습니다.[22] 이런 사실은 핀란드 알토대 라우리 눔멘마아 교수의 연구에 의해 한 번 더 과학적으로 검증이 되었습니다. 연구팀은 서유럽인과 동양인 701명을 대상으로 화, 두려움, 행복, 우울 등 인간의 감정 상태에 따른 신체 감각의 변화를 나타낸 지도를 완성해 미국 국립과학원회보(PNAS)에 발표했습니다. 피실험자들은 각각의 감정이 담긴 단어, 영화, 얼굴 표정, 이야기 등을 대할 때마다 자신의 신체 부위에서 감각이 증가한 부위는 노란색으로, 감소한 부위는 푸른색으로 구분해서 컴퓨터에 입력하였습니다. 연구 결과 문화·인종과 상관없이 사람의 감정에 따른 신체감각 지도가 거의 일치하였습니다. 공통적으로 슬픔이나 우울한 감정이 들 때는 팔다리의 감각이 저하, 혐오 감정이 들 때는 식도 주변 소화기관 감각이 증가, 모든 감정에서 머리 주변 감각 변화가 나타났으며, 특

연결됐을 때 반응		단절됐을 때 반응	
신체	느낌(감정)	신체	느낌(감정)
• 심장박동 안정적 • 근육 점진적 이완 • 오장육부 제자리 • 호흡 편안 • 혈액순환 원활 • 소화 잘 됨 • 체온(손발)이 따뜻함 • 온기가 돈다. • 표정 밝고, 편안함 • 목소리 따뜻하고, 부드러움 • 말투 긍정적 • 눈빛 밝음 • 자세, 태도 열려 있음	• 평화롭다 • 평안하다 • 침묵해도 편안하다 • 이해받는 느낌(생각) 든다 • 따뜻한 느낌이 든다 • 즐겁다 • 뭔가 의식하지 않아도 거리낄 것이 없다 • 명확하다 • 명료하다 • 선명하다 • 그 외 긍정적 감정이 든다	• 심장박동 불안정, 불규칙 • 근육 점진적 경직, 위축 • 뒷목과 어깨 뻣뻣해짐 • 가슴 답답함, 호흡 가빠짐 • 혈액순환 잘 안됨 • 소화기관 둔화(체 한다) • 체온(손발)이 차가워짐 • 머리가 멍해짐 • 신경 곤두섬 • 두통이 생김 • 얼굴이 빨개진다 • 가슴에 열 오름(부글부글) • 손, 발, 가슴 떨림 • 표정 어둡고, 무표정 • 목소리 떨림 • 말투 차갑고, 날카롭고, 공격적 • 눈빛 차갑고, 매서움 • 자세, 태도 닫혀 있음	• 긴장된다 • 불편하다 • 불안하다 • 외롭다 • 답답하고, 갑갑하다 • 주변을 의식하고 눈치 본다. • 쉬고 싶다 • 무관심해진다(냉랭해짐) • 화난다 • 짜증난다 • 그 외 부정적 감정이 든다

히 행복한 감정에서는 몸 전체의 감각이 증가하였습니다.[23] 이처럼 우리는 느낌(감정)의 변화를 신체 반응과 함께 느낍니다. 즉, 대화를 할 때 마음과 마음이 연결됐다는 느낌(감정), 단절됐다는 느낌(감정)은 신체의 반응이 함께 일어나면서 우리가 알아차리게 되는 것입니다.

지금부터 연결됐을 때와 단절됐을 때 우리의 신체 반응이 어떻게 달라지는지 구체적으로 알아보도록 하겠습니다. 우리가 대화를 하다가 마음과 마음이 연결됐다고 느낄 때는 우선 심장 박동이 안정적입니다. 그리고 신체 근육이 점진적으로 이완됩니다. 오장육부의 기관이 제자리에서 편안하기 때문에 소화도 잘되고, 혈액 순환도 잘 됩니다. 그래서 손발을 비롯해 신체의 온도가 전체적으로 따뜻합니다. 얼굴 표정도 밝고, 편안, 따뜻하며, 목소리도 안정적이고, 대화를 할 때 말투도 참 부드럽습니다. 대화하는 자세·태도 또한 상대를 향해 한껏 열려 있고, 대화를 하다 침묵이 오는 순간이 생겨도 전혀 거리낄 것이 없이 여전히 편안하고 평화로움을 느낍니다. 뭔가 의식하지 않아도 되고, 대화를 할수록 이해받고 있다는 느낌과 생각이 들면서 점점 마음이 따뜻해짐을 느낍니다. 그리고 모든 것이 명확하고, 명료하고, 선명하고, 입에서 절로 감사가 터져 나옵니다.

반대로 마음과 마음이 단절됐다고 느낄 때에도 신체 반응이 함께 나타납니다. 우선 심장 박동이 높아지면서 불안정해집니다. 그러면서 신체 근육이 전체적으로 경직, 쪼그라들기 때문에 뒷목과 어깨가 뻣뻣하고 뻐근합니다. 또 상체로 열이 오릅니다. 그래서 어떤 사람은 얼굴이 빨개지고, 가슴에서 열이 나기도 하고, 손에 땀이 나고, 머리가 곤두서고, 지끈거리기도 합니다. 위장에 뭔가 꽉 막힌 듯 명치에 통증이 생기기도 하고, 소화도 잘 안되고, 혈액 순환이 전체적으로 원활하지 않습니다. 그래서 때로는 숨쉬기, 호흡이 어렵고 답답하다고 호소하기도 합니다. 얼굴 표정은 어둡고, 차갑고 무표정해지고, 목소리는 격앙되고, 떨리기도 하고, 말투가 차갑고 날카롭고 공격적으로 변합니다. 대화를 할 때 자세·태도도 뭔가 방어하기 위해 꽉 닫혀 있습니다. 이런 때는 대화를 하면 할수록 불편하고, 답답하고, 외롭고, 긴장되고, 불안합니다. 주변을 계속 의식하며 눈치를 보게 되고, 마음 안에서 부글부글 끓는 느낌이 듭니다. 어딘가로 가서 쉬고 싶어지기도 하고, 어느 순간부터는 무관심한 태도로 일관하기도 합니다.

이렇듯 우리의 느낌(감정)은 언제나 신체 반응과 함께 나타나고 있지만 우리들 중 대부분은 의식하지 못한 채 살아가고 있습니다. 하지만 앞으로 우리는 느낌(감정)의 변화뿐 아니라 함께 동반되는 신체 반응에도 의식을 집중하여 알아차리기 위해 노력할 필요가 있습니다. 왜냐하면 대화 중 마음과 마음이 단절됐다는 느낌(감정)이 드는 순간 나타나는 자신의 신체 반응을 빨리 인지할 수만 있다면, 부정적 감정의 발생으로 인해 생길 수 있는 실수를 미연에 방지할 수 있기 때문입니다. 다시 말해 부정적 감정 발생으로 인해 나도 모르게 취할 수 있는 미성숙한 말과 행동을 스스로 통제하여 상황이 더욱 악화되는 것을 방지할 수 있습니다.

생각은 느낌(감정)이 아니에요

☆

사람의 마음과 마음을 연결하기 위해서는 느낌(감정)과 생각을 구분해야 합니다. 왜냐하면 생각은 평가, 판단, 해석, 분석하는데 사용됐을 때 긍정적인 작용을 하지만 사람의 마음을 연결하는 데에는 부정적인 영향을 미치기 때문입니다. 우리가 앞에서 계속 살펴봤지만 판단하고 해석하고 분석하는 말들은 자꾸 무엇인가를 구별하고 구분 짓기 때문에 마음이 연결되기 어렵습니다.

강의를 할 때 학습자들에게 어떤 상황을 주고 "내가 만약 이 상황이라면 어떤 느낌(감정)이 들까요? 느낌(감정) 표현으로 말해 주세요."라고 요청합니다. 다음은 학습자들이 대답했던 내용입니다. 여러분도 어떤 상황인지 상상해 보시기 바랍니다. 첫 번째

상황을 보고 학습자들은 이런 대답을 했습니다. "내가 뭘 잘못했지?", "두근거리고 무서워요!", "초조해요!", "조마조마해요!" 어떤 상황일까요?

두 번째, "엄청 무섭지만 짜릿해요.", "무사히 잘할 수 있을까?", "심장이 두근두근해요.", "가슴이 확 트입니다." 어떤 상황일까요?

세 번째는 "설레고 황홀해요.", "올 것이 왔습니다.", "행복해요.", "어떻게 해야 될지 고민스러워요." 어떤 상황일까요?

네 번째 상황은 "두근두근 떨립니다.", "긴장됩니다.", "기대됩니다.", "잘할 수 있을까?" 어떤 상황일까요? 좀 추측이 되셨나요? 첫 번째 상황은 경찰이 차를 세웠습니다. 두 번째 상황은 스카이다이빙 중입니다. 세 번째 상황은 프로포즈를 받았습니다. 네 번째는 대중 연설 시작 전입니다. 이렇듯 사람들은 똑같은 상황 속에서도 각자 다른 느낌(감정)을 느낍니다. 왜냐하면 느낌(감정)에는 주관적인 차이가 존재하기 때문입니다.

여기서 또 하나 눈여겨봐야 될 점이 있습니다. 많은 사람들이 느낌(감정)과 생각을 잘 구별하지 못하고 사용하고 있다는 점입니다. 저는 학습자들에게 분명히 느낌(감정)으로 표현해 달라고 요청했는데 답변을 보면 생각을 표현한 말도 보입니다. "내가 뭘 잘못했지?", "무사히 잘할 수 있을까?", "올 것이 왔습니다", "어떻게 해야 될지 고민스러워요", "잘할 수 있을까?" 바로 이 표현들은 느낌(감정)이 아니라 생각입니다.

라디오 팟 캐스트—팟빵 '대화 만점'에 이런 사연이 나옵니다. 한국NVC센터 이윤정 강사가 한 중년 남성분한테 "지금 어떤 느낌이세요?"라고 물어봤더니 "고생했네요!"라고 대답하셨다고 합니다. 그래서 "어머! 고생했다는 생각이 드셨군요. 고생했다는 생각이 드셨을 때 어떤 느낌이었나요?" 두 번째 물어보니 한

참 생각하시고 나서 "애썼네요!"라는 말씀을 하셨습니다. 그래서 "어머! 애썼다는 생각이 드셨군요. 애썼다는 생각이 드셨을 때 어떤 느낌이셨나요?" 세 번째 물어봤는데 "기특하네요!"라고 답했다고 합니다. 느낌(감정)에 대해 3번이나 물어봤는데 이 중년 남성분은 느낌(감정)의 표현이 아니라 "고생했다", "애썼다", "기특하다" 모두 생각이 담긴 표현만 하셨습니다. 그래서 이윤정 강사는 이렇게 설명을 드렸다고 합니다. "선생님, 이렇게 한 번 생각해 보세요! 요새는 부부들이 맞벌이하느라고 많이 바쁩니다. 와이프들이 일도 하고, 육아도 하고, 많이 바빠서 경조사 때 밖에 나가서 외식을 참 많이 하잖아요. 그런데 이번에 시어머니 생신이신데, 와이프가 이번에는 일주일 전부터 장을 보고, 생신 당일 날 새벽부터 일어나서 음식을 맛있게 하고 한 상을 예쁘게 차려 우리 가족들을 다 초대해서 어머니 생신 잔치를 해드렸습니다. 선생님 이런 와이프를 보면서 어떤 느낌(감정)이 드실까요?"라고 물으니, 그제서야 "고맙네요!"라고 느낌(감정) 표현을 하셨다고 합니다. 이렇게 우리는 느낌(감정)보다는 생각 중심의 말을 많이 하면서 살아가고 있다는 걸 다시 한 번 알 수 있습니다.

우리는 느낌(감정)이라고 말하지만 사실은 생각을 표현하는 말들도 많습니다. 예를 들어 '강요당한, 버림받은, 이용당하는, 거절당한, 오해받은, 인정받지 못하는, 공격당한, 위협당하는, 조종

느낌(감정)으로 혼동하기 쉬운 생각 중심의 말
강요당한 / 버림받은 / 이용당하는 / 거절당한 / 오해받은 / 인정받지 못하는 공격당한 / 위협당하는 / 조종당하는 / 궁지에 몰린 / 의심받은 / 학대받은 따돌림 당하는 / 무시당한 / 협박당하는 / 배신당한

당하는, 궁지에 몰린, 의심받은, 학대받은, 따돌림당하는, 무시당한, 협박당하는, 배신당한' 같은 말들입니다. 이런 말을 사용할 때 우리는 "저 버림받은 느낌이에요.", "저 무시당한 느낌이에요."라고 표현합니다. 말로는 느낌(감정)이라고 하고 있지만, '버림받은, 무시당한'이라는 말이 생각임을 알 수 있습니다. 그리고 이 말들은 '부정적, 수동적, 당한다'는 공통점이 있습니다. 여기서 '당한다'라는 표현은 가해자와 피해자를 나누는, 대표적인 생각 중심의 평가·판단의 말입니다.

③ 욕구

느낌(감정)은 왜 달라질까요?

*

마음 연결 대화의 세 번째 요소는 욕구 표현하기입니다. 우리는 욕구를 욕망과 혼용해서 사용합니다. NVC(비폭력 대화) 마음 연결 대화에서는 욕구와 욕망을 구분해서 사용합니다. 욕구는 미국의 심리학자 에이브러햄 매슬로우(Abraham Maslow)의 욕구 5단계(Hierarchy of Needs Theory)에서도 볼 수 있듯이 인간이라면 당연히 추구하고자 하는 보편적인 가치, 즉 생리적·안전·사회적·존경·자아실현의 욕구를 말합니다. 또한 욕구는 어떤 상황에서 매우 중요하다고 생각하여 마음 깊이 바라는 것이기도 합니다. 반면 욕망은 '몇 평 아파트로 이사 가고 싶다.', '어떤 자동차를 사고 싶다.'와 같이 부족함을 느껴서 무엇을 더 가지고 싶거나 누리고 싶어 하는 그런 마음입니다.

욕구에 따라 우리의 느낌(감정)은 달라집니다. 어떤 어머니께서 젊은 시절 남편 없이 혼자 어린 아들을 데리고 시댁에 가고 있었습니다. 추운 겨울날이었는데 아들이 버스 창문에 입김을 불어 그림을 그리고 지우는 행동을 반복했다고 합니다. 어머니는 버스를 타고 가는 내내 아들이 하는 행동이 너무 짜증이 나서 야단을 계속 치셨다고 합니다. 그런데 집으로 돌아오는 길에도 아들은 똑같은 행동을 계속했는데 그때는 이상하게 짜증도 안 나고 아주 편안하게 올라왔다고 합니다. 시댁에 갈 때도 집에 돌아올 때도 아들의 행동은 같았는데, 이 어머니의 느낌(감정)은 달랐습니다. 왜 그랬을까요? 그 이유는 시댁에 갈 때와 집에 돌아올 때 어머니의 욕구가 달랐기 때문입니다. 시댁에 갈 때 어머니에게 중요했던 것은 '어머님, 아버님! 저, 저희 아들 이렇게 예쁘고 깨끗하게 잘 키우고 있어요!' 인정을 받고자 하는 욕구가 있었습니다. 그런데 아들이 가는 내내 입김을 불어서 그림을 그렸다 지웠다 하면 옷깃이 더러워질 것이고, 그 모습을 시부모님이 보시면 "애가 왜 이렇게 더럽냐?"라는 소리를 듣게 될까 봐 짜증이 났고 아이를 야단쳤다고 합니다. 하지만 집으로 돌아올 때는 인정받고 싶다는 욕구가 없기 때문에 아이가 어떤 행동을 해도 괜찮았고 편안하게 올라왔다고 합니다.

직장인 예진 씨는 토요일에 친구랑 바다에 놀러 가기로 약속했습니다. 오랜만에 탁 트인 바다에 가서 그동안의 스트레스도 확 날려버리고 해수욕을 하면서 신나게 놀고 싶은 마음입니다. 설레는 마음으로 비키니도 준비했습니다. 그런데 금요일 밤 자정이 다 되어서 친구한테 전화가 왔습니다. 약속을 취소한다는 전화입니다. 친구하고 '재밌고 즐거운 시간'을 기대했고, 또 약속을 하면 지켜져야 한다는 '신뢰', '일관성', 그리고 내 시간에 대한 '예측 가능성'이 중요했던 예진 씨는 약속이 취소되어 실망스럽고, 서운하고, 짜증이 납니다. 그런데 만약 예진 씨가 전날 야근을 했거나, 회식을 해서 숙취가 있어서 '휴식'과 '안정'이 필요한 상황이라면 약속 취소 전화가 반가울 수도 있습니다.

정리하자면 느낌(감정)에는 자극과 원인이 있습니다. 버스에 입김을 불어 그림을 그리는 아들을 혼낸 어머니의 사례에서 자극은 '아들의 행동'이고 원인은 어머니의 '인정 욕구'입니다. 그리고 바다에 가고 싶었던 예진 씨 사례에서 자극은 '약속을 취소한 친구의 행동'이고, 욕구는 '재미, 즐거움, 신뢰, 일관성, 예측 가능성'입니다. 똑같은 자극이어도 내가 그 순간에 어떤 욕구를 가지고 있느냐에 따라서 느낌(감정)은 얼마든지 달라질 수 있습니다.

한 가지만 고집하면 갈등이 생겨요

*

욕구는 수단·방법과도 구별할 필요가 있습니다. 자신의 진짜 욕구를 인지하지 못한 채 한 가지 수단·방법만 옳다고 주장하고 집착하는 경우 갈등이 생기기 때문입니다. 만약에 재미있게 놀고 싶다면 '재미'와 '놀이' 2가지 욕구를 충족할 수 있는 방법은 친구 집에 놀러 가기, 농구하기, 드라마 몰아보기, 맛집 가기, 정원 가꾸기, 캠핑 가기, 그림 그리기, 노래 부르기, 춤추기, 산책하기, 게임하기, 영화관 가기 등 정말 다양합니다. 그런데 친구 집에 놀러 가고 싶은 마음이 나의 욕구라고 착각하고 친구 집에 놀러 가야만 한다고 강요하게 되면 갈등이 생길 수 있습니다. 우선 자신의 진짜 욕구가 무엇인지 정확히 인지하는 것이 중요합니다. 그리고 욕구를 충족시키기 위해서 정말 다양한 수단·방법이 있을 수 있다는 사실을 알고 받아들인다면 우리 삶은 더욱 풍요로워질 것입니다.

④ 부탁

같은 상황이 반복될 때 하세요

*

마음 연결 대화의 네 번째 요소는 부탁하기입니다. 먼저 부탁은 강요와 구분해야 합니다. 얼마 전 결혼해서 한창 신혼생활 중인 하림 씨는 연애 때와는 다르게 남편과 맞지 않는 부분들이 생겨서 말다툼을 할 때가 있습니다. 특히 퇴근 후 아무렇게나 옷을 벗어놓는 남편의 행동이 도무지 이해가 가지 않습니다. 매번 세탁물은 세탁실에 겉옷은 옷 방에 걸어두라고 말해도 남편의 행동은 변하지 않습니다. 말할 때마다 잔소리가 되는 것 같고, 사이도 안 좋아지는 것 같아 오늘은 목소리를 가다듬고 나름 예쁘게 "오빠, 퇴근하고 와서 옷은 아무렇게나 벗어 던지지 말고 예쁘게 옷 방에다 걸어줘! 부탁할게!"라고 말했습니다. 그런데 몇 번을 말해도 남편의 행동에는 변함이 없었습니다. 하림 씨는 남편에게 말할 때는 부탁 한다고 했지만 남편이 들어주지 않자 마음이 부글부글

끓어오릅니다. 만약 부탁할 때 상대가 내 부탁을 당연히 들어주어야 한다는 생각이 있다면 표현하는 방법에 상관없이 그것은 강요가 됩니다. 부탁은 상대가 들어주지 않더라도 내 마음이 부글부글하지 않고 괜찮아야 합니다.

연결 & 행동 부탁이 있어요

*

부탁은 욕구를 인지한 후 상대에게 명료하고, 구체적인 행동을 요청하는 것입니다. 그러기 위해서는 상황에 따라 '연결 부탁'과 '행동 부탁'을 할 수 있습니다. 연결 부탁은 먼저 상대의 반응을 이해하고 싶을 때 합니다. "내가 한 말을 들었을 때 당신 생각은 어때?", "내 말이 지금 어떻게 들려?", "제가 말한 것에 대해 의논할 의향이 있으신지 말해주시겠어요?", "제가 말한 것에 대해 함께 얘기하고 싶은데 시간 있으세요?"와 같이 대화가 끊어지지 않게 상대를 대화로 초대하는 방법이 있습니다. 그리고 내가 한 말의 의도가 상대에게 정확하게 전달됐는지 확인하고 싶을 때는 "내가 정확하게 말했는지 알고 싶어서 그러는데, 내 말을 어떻게 들었는지 말해줄래?", "지금 내 말을 들으니깐 나한테 뭐가 중요한 것 같아?"라고 대화가 끊어지지 않으면서도 유연하게 부탁할 수 있습니다.

"부탁"

욕구를 인지한 후 상대에게 구체적인 행동을 요청하는 것!

같은 상황이 반복되지 않기를 바라는 마음에서 상대에게 구체적인 행동 부탁을 하고 싶을 때도 있습니다. 그럴 때는 '믿어 줘', '존중해 줘'와 같은 추상적이고 막연한 말보다는 정말로 구체적이고 긍정적인 행동을 부탁해야 합니다. 그리고 이때는 앞서 말한 것처럼 강요가 아니라 부탁임을 확인하는 것이 중요합니다. 예를 들어, '우리 앞으로 사무실에서 좀 더 나은 인간관계를 만듭시다!'라는 부탁을 합니다. 사람들은 '더 나은 인간관계를 만들자고 하는구나!'라고 이 말의 의미는 다 알아듣습니다. 그러나 구체적으로 뭘 어떻게 하자는 것인지는 모를 수 있습니다. 이럴 때는 좀 더 구체적으로 말해야 합니다. 예를 들면 "우리 앞으로 아침에 출근하면 서로 인사를 합시다."라고 구체적이고 긍정적인 행동 부탁을 할 수 있습니다. "앞으로 시간 좀 지켜줘!"라고 부탁할 때도 좀 더 구체적으로 "약속한 시간에 못 올 때는 최소한 한 시간 전에는 알려주겠다고 약속할 수 있나요?"라고 구체적으로 긍정적인 행동을 부탁하는 것이 행동 부탁입니다.

2

4가지 요소로 솔직하게 말하기

앞에서 NVC(비폭력 대화) 마음 연결 대화의 4가지 요소 '관찰, 느낌(감정), 욕구, 부탁'이 무엇인지 알아봤습니다. 이번에는 4가지 요소를 가지고 솔직하게 말하기는 어떻게 하는 것인지 구체적인 방법을 알아보도록 하겠습니다.

듣기보다 솔직하게 먼저 말하세요

☆

NVC(비폭력 대화) 마음 연결 대화 모델을 한 번 살펴보면 상단에 솔직하게 말하기, 공감으로 듣기가 있습니다. 관계, 상황, 사람에 따라 내가 말하기를 많이 하고 듣기는 조금 할 때가 있고, 듣기를 많이 하고 말하기를 조금 할 때도 있습니다. 이렇듯 때에 따라 말하기, 듣기의 크기는 조금씩 달라집니다. 마셜 로젠버그는 대화에

"마음 연결 대화 4가지 요소"

내가 ____를 보았을 때,	관찰	당신이 ____를 보았을 때,
나는 ____라고 느껴	느낌	당신은 ____라고 느껴?
왜냐하면 나는 ____가 중요하기 때문에	욕구	왜냐하면 당신은 ____가 중요하기 때문에
____해줄 수 있겠니?	부탁	당신은 ____를 원해?

서 말하기와 듣기의 크기가 같을 때 가장 이상적이라고 보았습니다. 그래서 마음 연결 대화 모델을 보면 솔직하게 말하기, 공감으로 듣기가 같은 크기의 무한대 모양으로 그려져 있습니다.

일반적으로 커뮤니케이션을 가르치는 교육을 들어보면 대부분 말하기보다는 듣기 즉, 경청의 중요성에 대해 먼저 다룹니다. 커뮤니케이션에서 경청은 정말 중요합니다. 그런데 마셜 로젠버그는 공감으로 듣기보다 솔직하게 말하기를 먼저 하라고 말합니다. 이 점이 NVC(비폭력 대화) 마음 연결 대화가 다른 커뮤니케이션 기법과 차별화되는 부분이라고 할 수 있습니다.

내 말을 해야 더 잘 들려요

*

마셜 로젠버그는 왜 듣기보다 말하기를 먼저 하라고 할까요? 그 이유는 무엇일까요? 사람들에게 "남의 이야기 잘 들으시나요?" 라고 물어보면 대부분의 사람들은 "네~ 저는 남의 이야기 정말 잘 들어줍니다."라고 대답합니다. 맞습니다. 우리는 남의 이야기에 귀 기울여 잘 들어주는 때가 있습니다. 그러나 언제나 그러한 것은 아닙니다. 때에 따라서, 상황에 따라서 우리의 듣기 용량은 달라지기 때문입니다. 컨디션이 좋고, 일도 잘 풀려서 기분이 좋을 때는 '그래 다 말해봐! 내가 네 이야기 다 들어줄게!' 마음의 수용 능력이 정말 커집니다. 반면에 내가 신체적으로 너무 컨디션이 안 좋고 하는 일도 잘 풀리지도 않고 기분도 안 좋을 때는 다른 사람의 이야기를 듣고 있기가 힘이 듭니다. 그리고 때로는 듣고 있는 것 자체가 폭력적이라고 느껴질 때도 있습니다. 이렇듯 상황에 따라서 우리의 듣기 용량, 마음의 수용 능력은 얼마든지 달라질 수 있습니다.

특히 어떤 상황에서 내가 내 할 말을 다 하지 못해 후회가 될 때가 있습니다. '맞아. 내가 그때 그 말을 했어야 했는데!' 이런 생각이 계속 들고 그때 하지 못한 말을 생각하느라 다른 사람의 말이 잘 들리지 않습니다. 그래서 마셜 로젠버그는 자신의 생각과 마음을 솔직하게 표현한 후에야 비로소 상대방의 이야기를 잘 들을 수 있다고 했습니다. 그래서 다른 사람의 말을 듣기 전에 내가 지금 무엇을 보고 들었는지, 어떤 느낌과 감정인지, 내가 진짜 중요하게 여기고 원하는 게 무엇인지를 솔직하게 표현하라고 말합니다.

솔직과 직설은 달라요

*

솔직하게 말하라고 하면 '솔직하다'에 대해서 누구나 같은 생각을 할까요? 챕터1에서 공감에 대해 학자마다 의견이 분분하고 합의된 정의가 없다고 했습니다. '솔직하다'도 마찬가지로 사람마다 서로 다른 생각을 가지고 있습니다. 가령 나는 솔직하게 얘기했다고 생각했는데 상대가 "제발 좀 솔직하게 얘기해 봐!"라고 말할 때가 있습니다. 나는 솔직하다고 생각했는데 솔직하지 않다고 얘기하니까 참 마음이 답답합니다. 그래서 고민하다가 "알았어! 내가 솔직하게 얘기하겠는데, 넌 너무 이기적이야! 솔직하게 너무 권위적이야! 친구야! 내가 친구니까 얘기하는데 너 진짜 배 많이 나왔어! 운동 좀 해라!"라는 말을 합니다. 우리는 솔직하다는 것을 직설적으로 표현하는 것이라고 생각하는 경향이 있습니다.

직설적인 말들은 참 불편합니다. 말하는 순간 내 몸도 달아오르고 상대도 이걸 들으면서 몸이 달아오르는 걸 느낍니다. 평정심을 유지하기가 정말 어렵습니다. 왜 그럴까요? 직설적 표현에는 상대에 대한 평가·판단의 말, 때로는 비난하는 말이 내포되어 있기 때문입니다. 그래서 사람들은 "나도 모르게 상대한테 상처 주는 말을 했어요"라는 말을 하면서 솔직하게 말하는 것이 부담스럽고, 망설여진다고 합니다.

내 관찰, 느낌(감정), 욕구, 부탁을 말하세요

*

그런데 방금 '솔직하게 말하겠는데!'라고 하면서 어떤 말들을 했나요? 누구에 대해서 얘기를 하고 있나요? 솔직하게 말한다고 하지만 전부 다 네가 이기적이고, 네가 권위적이고, 네가 배가 나왔다고 하면서 전부 상대에 대한 평가·판단의 말들만 늘어놓았습니다. 정작 나에 대한 얘기는 하나도 들어가 있지 않습니다. 이런 말들은 '솔직'이 아니라 '직설적' 표현이라고 말씀드렸습니다.

우리는 '솔직'과 '직설'을 구분해야 합니다. 솔직하게 말하기란 상대에 대해 평가·판단하는 직설적 표현을 하는 것이 아니라 나에 대한 것을 솔직하게 말하는 것입니다. 여기서 나에 대한 것이란 구체적으로 내가 어떤 걸 보고 들었고(관찰), 어떤 느낌이고(감정), 어떤 걸 원하고(욕구), 어떤 것을 부탁하고 싶은지(부탁) 나의 이야기를 의미합니다.

솔직하게 말한다는 것은 구체적으로 어떻게 하는 것인지 NVC(비폭력 대화) 마음 연결 대화 모델로 한 번 살펴보겠습니다.

- 관찰 "내가 ______ 보고 들었을 때"
- 느낌 "나는 ______ 느낌(감정)이 들었어"
- 욕구 "왜냐하면 나는 지금 ______ 중요하기 때문이야!"
- 부탁 "그래서 그러는데 ______ 좀 해줄 수 있겠니?"

4가지 요소로 전과 다르게 표현해 볼까요?

그러면 이 4가지 요소를 이용해서 전과 다르게 어떻게 표현해 볼 수 있을까요? 한 번 살펴보도록 하겠습니다. 차 과장은 약속한 회의 시간에 늦게 오는 김 과장이 못마땅합니다. 차 과장은 마음이 부글부글합니다. 김 과장에게 한마디 하고 싶습니다. 만약 차 과장이 NVC(비폭력 대화) 마음 연결 대화의 네 가지 요소(관찰, 느낌(감정), 욕구, 부탁)를 알기 전이라면 "아니 뭐 이렇게 허구한 날 늦어요! 내 시간은 중요하지 않아요?" 이렇게 자칼의 말로 단절의 표현을 할지도 모릅니다. 그리고 이 말을 듣고 김 과장은 "아니 제가 또 뭘 허구한 날 늦었다고 그래요? 한 번 늦게 온 것 가지고 이러시는 거예요?"라고 반응하며 서로 연결보다는 단절로 가기 쉽습니다.

이 상황을 NVC(비폭력 대화) 마음 연결 대화 4가지 요소인 관찰, 느낌(감정), 욕구, 부탁의 순서로 다르게 표현해 보겠습니다. "우리가 만나서 50분 회의를 하는데, 김 과장님은 3번을 20분씩 늦으시더라고요! 5번 중에 3번을 20분 정도 늦으시던데 제가 걱정을 참 많이 했습니다. 혹시 집안에 무슨 일이 있으신지? 아니면 이 회의가 의미가 없으신지 잘 모르겠습니다. 그런데 전 이 회의를 좀 재미있고 보람되게 하고 싶거든요. 그래서 그러는데 다음 회의 때는 늦게 오시면 미리 연락을 부탁드리겠습니다." 이렇게 기린의 말로 연결로 가는 표현을 해 볼 수 있습니다.

①관찰 우리가 만나서 50분 회의를 하는데, 김 과장님은 3번을 20분씩 늦으시더라구요.

→ 평가만 있으면 비난으로 느껴질 수 있어요.

②느낌(감정) **5번 중에 3번을 20분 정도 늦으시던데, 제가 많이 걱정했어요.**

→ 당신을 평가하는 게 아니라 내 느낌(감정)을 말하는 거예요.

③욕구 **혹시 집안에 무슨 일이 있으신지, 아니면 이 회의가 의미가 없으신지, 저는 이 회의를 좀 재밌고, 보람 있게 하고 싶거든요.**

→ 욕구 표현을 하면서 다시 또 연결하기

④부탁 **다음 번 회의에는 좀 늦게 되면 미리 연락을 좀 부탁드릴게요. 제 말 듣고 어떠세요?**

→ 행동 부탁과 연결 부탁하기

또 다른 상황을 한 번 살펴보겠습니다. 누나는 최근에 남동생이 새벽에 혼자 술 마시는 걸 몇 번 보았습니다. 만약 누나가 NVC(비폭력 대화) 마음 연결 대화의 4가지 요소(관찰, 느낌(감정), 욕구, 부탁)을 알기 전이라면 술 마시고 있는 동생에게 "아니 이 새벽에 무슨 청승이냐? 여친이랑 깨졌냐!"라고 자칼의 말을 할 수도 있습니다. 그리고 남동생은 '청승!', '깨졌냐?'라는 말에 기분이 상하면서 "됐어! 말 걸지 말고 들어가서 잠이나 자!"라고 반응할지도 모릅니다.

이 표현을 NVC(비폭력 대화) 마음 연결 대화의 4가지 요소인 관찰, 느낌, 욕구, 부탁의 순서로 다르게 표현해 보겠습니다. "지난 이틀 동안 네가 새벽 두 시에 혼자 술 마시는 걸 봤거든. 누나로서 무슨 일이 있나 걱정도 되고 궁금하더라! 나는 우리가 서로 힘든 일 있을 때는 좀 같이 이야기도 나누고 도울 수 있었으면 좋겠어! 그래서 그러는데 혹시, 오늘 저녁에 시간 내서 같이 얘기할 수 있을까? 넌 어떻게 생각해?" 이렇게 기린의 말로 마음을 표현한다면 단절보다는 연결로 가게 될 것입니다.

①관찰 지난 이틀 동안 네가 새벽 두 시에 혼자 술 마시는 걸 보았을 때,

②느낌 누나로서 무슨 일이 있나 걱정이 되고, 궁금하기도 하더라

③욕구 나는 우리가 서로 힘든 일이 있을 때는 같이 이야기도 나누고, 도울 수 있었으면 좋겠어!

④부탁(행동 부탁) 혹시 오늘 저녁에 시간 내서 같이 얘기할 수 있을까?

(연결 부탁) 넌 어떻게 생각해?

3

4가지 요소로 공감으로 듣기

듣고 있다고 말하지만 듣지 않잖아요

*

이번에는 NVC(비폭력 대화) 마음 연결 대화의 4가지 요소를 가지고 '공감으로 듣기'는 구체적으로 어떻게 하는 것인지 알아보겠습니다. 우리는 다른 사람의 이야기에 공감하며 잘 듣고 있을까요? 듣고 있는 것처럼 보이지만 실제로는 듣고 있지 않는 경우가 정말 많습니다. 회의 시간만 살펴봐도 듣고 있는 것처럼 보이지만, 얼굴 표정을 보면 지루해 하는 표정이 역력하고, 다른 사람이 했던 말을 딴생각하느라 못 들어서 "저기요. 방금 뭐라고 말씀하셨죠?"라며 했던 말을 되물어 보기도 합니다. 또 낙서를 하기도 하고, 핸드폰 검색 등 딴짓도 참 많이 합니다. 사람들은 생각보다 듣는 걸 어려워합니다. 심지어 듣지 않고, 내가 내 자신하고 얘기하고 있을 때도 있습니다. 내가 내 자신과 이야기하고 있다는 말

은 다른 사람의 이야기를 그 사람 관점에서 마음으로 오롯이 들어주는 것이 아니라 듣는 사람이 자기만의 잣대를 가지고 평가, 판단, 분석하는 것을 의미합니다. 그런 맥락에서 듣고 있는 것처럼 보이지만 실상은 듣지 않는다는 것입니다. 챕터2에서 알아봤듯이 '나는 저 이야기를 어떻게 생각하는가?', '나는 어떤 말을 해줄까?' 이런 평가, 판단, 분석의 말은 상대의 말을 잘 듣고 있는 것이 아닙니다. 또한 상대의 말에 대한 평가, 판단, 분석하는 것은 공감으로 듣기에 별로 도움이 되지 않습니다.

듣기로 결정했다면 듣기에 집중해요

*

우리는 대화를 하면서 들을 것인지 말할 것인지를 구분할 필요가 있습니다. 우선 듣기로 결정했으면, 잠시 평가·판단하고 분석하는 나의 생각을 내려놓고 진짜 오롯이 그 사람이 하고자 하는 말은 무엇인지, 그 이면의 마음은 어떤 것인지 들어야 합니다. 그 다음 말할 순간이 오면 그때 내 할 말을 해도 늦지 않습니다. 우선 듣기로 결정했다면, 듣는 데만 집중해야 합니다.

잘 듣기 위해서는 경청의 디폴트(default) 값을 장착해야 합니다. 디폴트(default) 값의 첫 번째는 편안한 눈빛으로 상대를 바라보는 겁니다. 우리는 이미 인생의 수많은 관계 속에서 대화를 할 때 상대방이 평가·판단하고 분석하며 내 이야기를 듣고 있는지, 편안하게 오롯이 존재 자체로 들어주는지 눈빛만 봐도 압니다. 우리가 여행을 가서 대자연을 바라볼 때의 눈, 떠가는 구름을 볼 때, 밀려오는 파도를 볼 때, 흘러가는 강물을 볼 때 편안하게 바라보는 눈처럼 상대를 존재 자체로 바라보는 게 중요합니다. 두 번째는 계속해서 말씀드리지만 평가·판단 금지, 즉 에포케(epoche), 에고리스(egoless), 심재(心齋) 상태를 유지해야 합니다.

경청의 디폴트(default) 값이 장착되지 않은 상태로 대화를 할 때 "아니, 내가 무슨 말을 하면 아빠는 좀 들어주지! 아빠는 이렇게 들을 줄을 몰라!", "엄마는 맨날 야단만 치고, 혼만 내고!", "진짜 우리 상사는 벽이야. 남의 말을 들을 줄을 몰라! 들을 줄을!" 이런 말들을 듣곤 합니다. 이 말들은 대화 상대가 자신의 이야기에 공감이 아니라 평가·판단, 분석만 하고 있어서 서운하고 속상하다는 마음을 표현한 대표적인 말입니다.

이럴 때 공감이 참 어려워요

"공감을 해주고 싶은데 공감으로 듣기가 너무 어렵습니다."라고 말하는 사람들이 있습니다. 그 이유를 물으면 첫 번째, "상대의 말을 듣다 보면 자기가 느끼고 있는 감정의 원인이 저한테 있다고 하면서 저를 비난하는 것 같아요."라고 말합니다. 결론적으로 상대방이 나를 비난하고 있기 때문에 그 사람을 공감하기 어렵다는 것입니다.

그럴 때 저는 "지금 상대가 자기의 마음을 표현하는 방법을 잘 몰라서 자신이 아는 방법 중에서 가장 비극적인 방식으로 마음을 표현하고 있는 겁니다. 아마 그 사람은 당신을 비난하고 싶은 마음보다는 도와 달라고 하는 다른 표현일 수 있습니다."라는

"공감으로 듣기가 어려운 경우"

상대가 자기 감정의 원인이 나한테 있대요
"도와 달라"는 다른 표현일 수 있다

"어떻게 하면 저 사람을 도울 수 있을까?"

▼

어떤 마음인지 물어보기
(마음의 문 열기)

말을 해줍니다. 공감으로 듣기 위해서는 어떤 평가·판단의 말에도 말리지 않고 반응하지 않고, '저 사람은 왜 저런 말을 했을까? 저 사람은 뭔가 도와 달라고 하는 것 같은데, 어떻게 하면 저 사람을 도울 수 있을까?'라는 관점을 가지고 우선 어떤 마음인지 물어봐야 합니다. 공감은 알아야 할 수 있는 것이기 때문에 어떤 마음이냐고 물어봐야 공감하기 쉽습니다.

공감으로 듣기 어려운 두 번째 이유는 상대방이 어떤 평가·판단의 말을 할 때 그것을 수긍하면, 상대는 맞고 나는 틀린 사람이 되기 때문입니다. 그래서 '난 틀린 사람이 되면 안 되니까.'라

는 생각에 어느 순간 평가·판단하는 말에 말리게 되어 공감으로 듣기 어렵게 됩니다. 희수는 친구와 만나 만둣집에 갔습니다. 그런데 주머니 사정이 안 좋아서 1인분만 시켰습니다. 한 친구가 화장실에 가서 손을 씻고 왔는데, 그 사이 만두가 열두 개에서 두 개밖에 안 남아 있습니다. 그 장면을 보고 "너 어쩜 이렇게 이기적이냐! 어떻게 이걸 다 먹을 수 있어!"라는 말을 합니다. '이기적이냐!'라는 말에 만두 10개를 먹은 친구가 여기에 반응합니다. "아니 내가 너무 배가 고파서 먹다 보니까 이렇게 됐어! 아니 근데, 이런 거 가지고 뭐 이기적이냐고 하냐? 친구 사이에 이렇게 말하는 거 너무 심한 거 아니야!"라면서 자기 입장에서 자기 얘기를 합니다.

위의 상황을 보면 각자 자기 입장에서 자기 얘기만 하고 있습니다. 너 얘기, 내 얘기, 너 얘기, 내 얘기, 너 얘기, 내 얘기만 합니다. 여기에 듣는 사람이 있나요? 없습니다. 어떤 사람만 있나요? 자기 입장만 말하는 두 사람만 존재합니다. 그래서 이 두 사람 사이에는 서로에게 들리지 않은 말들이 벽처럼 쌓여가기 시작합니다. '맞다, 틀리다, 옳다, 그르다' 시시비비(是是非非)를 가리느라고 정작 연결로 가야 될 때는 에너지를 다 써버려서 연결로 가기가 어렵습니다.

"야! 어쩜 너 이렇게 이기적이야! 어떻게 이걸 다 먹을 수 있어!"라고 말한 희수 입장을 생각해 보겠습니다. 희수는 이 말을 할 때 상대방의 입장을 듣고 싶은 마음, 어떤 여유가 있었을까요? 없었겠죠. 친구의 입장을 듣고 싶어서 말했던 게 아닙니다. 아마도 만두가 2개밖에 안 남아있는 그 장면을 보고 '내 마음은 이래! 내 마음 좀 알아줘!' 이런 다른 표현이었을 겁니다. 그 순간에 희수의 느낌(감정)과 욕구는 무엇이었을지 추측해 보면, 아마 열두 개에서 두 개만 남아있는 장면을 보고 좀 '서운하고', '속상하고', '실망스럽고', '당혹스럽고', '짜증 나는' 느낌(감정)이 들었을 수 있습니다. 그리고 희수는 그때 무엇이 중요했을까요? 친구와 '친밀한 관계', 기다려 주는 '배려', 서로 같이 나눠 먹는 '우정', 내가 좀 중요한 사람이라고 여겨지는 '존재' 등이 중요했을 수 있습니다. 결론적으로 '공감으로 듣기'란 내가 그 순간에 어떤 느낌이고 어떤 걸 중요하게 생각하는지 나의 이야기를 나의 것으로 들어달라는 것입니다.

4가지 요소로 전과 다르게 들어볼까요?

*

NVC(비폭력 대화) 마음 연결 대화의 4가지 요소인 관찰, 느낌(감정), 욕구, 부탁을 가지고 어떻게 하면 전과 다르게 공감으로 들을 수 있는지 구체적인 방법에 대해 알아보겠습니다. 먼저, NVC(비폭력 대화) 마음 연결 대화 모델에서 공감으로 듣기 부분을 다시 살펴보겠습니다.

- 관찰 **"당신이 ______ 보고 들었을 때"**
- 느낌 **"당신은 ______ 라고 느껴?"**
- 욕구 **"왜냐하면 당신은 ______ 중요하기 때문이야?"**
- 부탁 **"그래서 당신은 ______ 하기를 원해?"**

아내가 남편에게 "제발 말 좀 해봐! 당신이 말을 안 하니까 벽하고 사는 것 같잖아!"라고 말했습니다. 이 말을 듣고 "누가 할 소리를 하는 거야? 나는 당신이 더 벽 같아…."라고 반응하기 보다는 먼저 아내의 '느낌'을 알아줍니다. "내가 말을 안 해서 당신 답답해?"라고 느낌을 물어보자 아내는 "응. 우리 둘 다 퇴근하고 집에 오면 밥 먹고 잠자기 바쁘고 대화도 안 하니깐, 이게 사는 건가 싶고 나 좀 답답해! 아니 좀 서글퍼! 도대체 왜 그런 거야?"라고 말합니다. 남편은 아내의 말을 듣고 '아내는 지금 나를 비난하고 있는 것이 아니다'라고 생각하고 그다음 아내의 '욕구'를 알아봐 줍니다. "당신, 마음이 답답하고 서글프구나. 그랬구나. 나는 요즘 회사 프로젝트가 잘 안돼서 너무 지쳐 있었어. 그런데 당신은 지금보다 우리가 대화하는 시간을 더 가지기를 원하는 거야?" 남편의 말을 듣고 아내는 "응. 나는 그동안 당신이 프로젝트로 지쳐 있고 힘든지 몰랐어. 나는 당신이 힘들 때 나도 뭔가 돕고 싶어! 그런데 말을 해야 어떻게 도울지, 내가 뭘 할 수 있을지 생각할 수 있잖아!" 라고 말하면서 대화가 길게, 공감 연결로 원활하게 이루어집니다.

다른 사례를 살펴보겠습니다. 재희는 친구 수연이를 만나 요즘 고민거리를 말합니다. "우리 엄마하고 얘기하면 항상 싸움이 돼버려서 이젠 지겨워!" 이 말을 듣고 수연이가 공감해 줍니다. 우선 '느낌'을 알아줍니다. "엄마하고 얘기가 잘 되지 않아서 속상해?" 그랬더니, 재희가 대답합니다. "응. 진짜 말이 안 통해도 너무 안 통해.

어제는 엄마한테 뭐 좀 물어봤는데, 어휴 잔소리부터 시작하는데 진짜 괜히 물어봤다 싶더라!" 수연이는 이제 재희의 '욕구'를 알아 줍니다. "재희 너는 엄마가 네 말을 잘 들어주기를 바라는 거야? 너한테 지금 뭐가 중요한지, 그런 것들을 좀 물어봐 주길 원해? 들어주길 원해?" 그랬더니 재희는 "그렇지! 그런데 나도 덩달아서 같이 화를 냈어! 생각해 보니까, 나도 잘못이 있지." 이렇게 재희와 수연이는 계속 이야기를 주고받습니다. 이야기도 길어지고 이야기를 주고받는 과정 중에 마음과 마음이 닿는 듯한 그런 따뜻한 느낌이 듭니다. 이것이 바로 서로 연결되는 느낌입니다.

챕터 4

4단계

자신이 할 수 없다고 생각하고 있는 동안은 그것을 하기 싫다고 다짐하고 있는 것이다.
그러므로 그것은 실행되지 않는 것이다.

스피노자

자기 연결하기

1

자기 공감과 자기 연결이 우선이다

살다 보면 이해가 되지도 않고, 이해하고 싶지도 않은 그런 대상이 누구에게나 있습니다. 그리고 그 사람이 머릿속에 떠오르면 생각하는 것 자체만으로도 머리가 지끈지끈하고 가슴이 답답해지기도 합니다. "이런 사람들과도 관계를 개선하려고 노력해야 될까요? 다른 사람은 노력도 하나도 안 하는데 왜 나만 이렇게 노력해야 하나요? 그 사람 정말 공감하기 싫어요. 너무 억울합니다." 라는 말을 하기도 합니다. 이렇게 누군가를 공감하기 힘들 때는 나 자신이 먼저 공감이 필요하기 때문일 수 있습니다. 타인을 진정으로 공감하기 위해서는 자기 자신을 돌볼 수 있도록 자기 공감이 우선적으로 필요하고, 또 충분해야 합니다. 그 누구보다 공감의 첫 번째 대상은 나여야만 합니다.

타인 공감이 어려운 이유는 크게 두 가지로 살펴볼 수 있습니

다. 첫 번째는 타인보다 내가 더 옳다는 생각이 크게 올라오기 때문입니다. 두 번째는 내가 신체적, 정신적으로 너무 지치고 힘들기 때문에 타인 공감이 어려울 수도 있습니다. 만약 '내가 더 옳다!'라는 생각이 든다면 그 순간 내 마음이 어떤지 깊이 있게 들여다보고 스스로 자기 공감을 할 수 있도록 도와주는 '자기 공감 솔루션'이 필요합니다. 그리고 내가 신체적, 정신적으로 지쳐서 타인의 마음까지 돌아볼 여력이 없는 상태라면 방전된 에너지를 충전할 수 있도록 생기와 활기를 불어넣을 수 있는 '자기 돌봄 솔루션'이 필요합니다.

지금부터 타인 공감이 어렵고 단절로 이어지는 상황 속에서 손쉽게 해볼 수 있는 '자기 공감 솔루션'의 구체적인 방법에 대해 알아보겠습니다. 그러나 솔루션의 구체적 방법을 학습하기 전에 부정적 감정인 분노(화)가 올라올 때 지혜롭게 분노(화)를 다스리고, 빠르게 평정심을 찾는 방법을 익혀야 합니다. 왜냐하면 부정적 감정에 휩싸여 있는 상태에서는 어떤 솔루션도 도움이 되지 않을 수 있기 때문입니다.

분노(화) 다루기가 자기 공감 시작이에요

자기 자신을 돌보는 것, 그리고 자기 공감을 위한 첫걸음은 분노(화)가 일어났을 때 '나의 분노(화)를 어떻게 다스릴 것인가?' 구체적인 방법을 배우는 것입니다. 분노(화)가 일어날 때 우리는 "너 때문이야!", "당신이 밤마다 외출해서 화가 나!", "네가 방을 치우지 않아서 정말 짜증나!"라는 표현을 합니다. 이 말들을 살펴보면 나의 부정적 감정-분노(화)가 발생한 원인을 타인에게 두고 있음을 알 수 있습니다.

그렇다면 정말 나도 분노(화)가 일어날 때, 나의 부정적 감정-분노(화)의 원인을 타인에게 두고 있는지 궁금하시죠? 지금부터 분노(화)가 일어났을 때 나의 생각 구조·프레임은 어떠한지, 또 어떤 사고 프로세스를 가지고 생각하고 행동하고 있는지 확인할 수 있는 솔루션을 알려드리겠습니다.

첫 번째, 분노(화)가 일어났던 일 혹은 상황을 생각해 봅니다. 최근에 있었던 일이어도 좋고, 예전에 있었던 일인데 해결이 됐던 일 혹은 해결이 되지 않은 일 모두 좋습니다.

두 번째, 분노(화)가 일어났던 일, 그때 그 상황에 내 마음속에서 올라왔던 하고 싶었던 이야기를 거르지 않고 날것 그대로 적어 봅니다. 혹은 실제로 내가 상대방에게 했던 말들을 그대로 적어 봐도 좋습니다. 예를 들어, 대화 상황에서 "어머니, 그때 제가… 이랬어요. 저랬어요.", "아들이 10시가 넘었는데 노래방에서 더 놀고 온다고 전화했을 때… 이랬어요. 저랬어요.", "부장님, 이번 주에 술 한잔만 하자고 말씀하신 게 몇 번이신데… 오늘도…." 이렇게 내가 하고 싶었던 말을 스스럼없이 써봅니다. '누구한테 실제로 했던 말인데 다시 말하고 싶다.', '실제로는 못 해봤는데 해보고 싶은 말이다.' 마음속에 이런 말이 있으시다면 앞에서 배웠던 NVC(비폭력 대화) 마음 연결 대화의 4가지 대화 요소는 생각하지 않고, 아주 편안하고 자유롭게 말하듯이 써봅니다. 단, 전제는 듣는 사람이 "나는 너의 이야기를 들을 준비가 다 됐어. 어떤 얘기든 괜찮으니 다 말해봐." 이런 상황이라고 상상하면서 적어봅니다.

세 번째, 다 적었으면 저자인 저의 질문에 따라 해당 되는 부분에 밑줄을 그어봅니다.

Q. 질문1. **누구한테 썼나요?**

Q. 질문2. **내 느낌, 내 상태를 표현한 뭔가가 있나요?**

생각이어도 되고, 느낌(감정)이어도 좋습니다. 우선은 내가 쓴 글에서 '걱정된다', '염려된다', '화난다', '힘 빠진다', '부담스럽다', '슬프다', '기쁘다', '서운하다', '기분이 상했다' 등 감정 표현이 있다면 밑줄을 긋습니다. 그리고 내 상태를 보여주는 생각이 있다면 그것도 밑줄을 그어봅니다.

Q. 질문3. **원인을 찾아봅니다.**

'나는 왜? 화가 났는가?', '나는 왜? 슬픈가?', '나는 왜? 서운한가?' 원인을 찾아봅니다. 예를 들어 내가 쓴 글에 '공감해 주지 않아서, 가르치려 해서, 인정해 주지 않아서' 등등의 원인이 있다면 밑줄을 쳐봅니다.

Q. 질문4. **누가 그랬나요? 그 대상은 잘했나요? 잘못했나요?**

Q. 질문5. **내가 원한 건가요? 원하지 않았던 건가요?**

분노(화)가 일어날 때, 나의 생각의 구조 이해하기

❶ 분노(화)가 일어났던 일 혹은 상황을 생각합니다.

❷ 그때 상대방에게 진짜 하고 싶었던 마음 속 이야기, 내가 하지 못했던 이야기를 날것 그대로 적어봅니다. (혹은 내가 실제로 했던 말을 그대로 적어봅니다)

❸ 저자의 질문을 읽고, 내가 쓴 글에서 해당되는 부분에 밑줄을 칩니다.

Q. 질문1 누구한테 썼나요?

Q. 질문2 내 느낌, 내 상태(생각)을 표현한 부분이 있나요?

Q. 질문3 원인을 찾아봅니다.

Q. 질문4 누가 그랬나요? 그 대상은 잘했나요? 잘못했나요?

Q. 질문5 내가 원한 건가요? 원하지 않았던 건가요?

5가지 질문에 따라 밑줄 그은 부분을 정리해 보면 생각보다 많은 사람들이 '내가 원하지 않는 어떤 것을 네가 해서, 내가 이런 느낌(감정)과 생각이 들었다'는 결론과 마주하게 됩니다. 거듭 말씀드리지만 분노(화)의 원인은 타인에게 있지 않고 우리 내부에 있습니다. 우리는 이런 생각 구조·프레임을 변화시킬 필요가 있습니다. "너 때문에", "네가 하지 않아서", "네가 나빠서 이런 감정이 들었어!"라고 생각하는 우리의 사고 구조를 너 때문이 아니라, "내가 무엇이 중요했기 때문에", "내가 무엇이 필요하고, 원했기 때문에 이런 감정이 들었어!"로 변화시켜야 합니다. 예를 들어, 상대가 공감을 해 주지 않아서 서글프고 외롭다는 감정이 들었습니다. 예전에는 "네가 공감을 안 해줬기 때문에 내가 슬프고 외로웠어!"라고 표현했었다면, 이제는 외부가 아닌 내 안에서 원인을 찾고 "내가 공감을 받고 싶었기 때문에 좀 화가 나고 슬프고 외로웠어!"라고 다르게 표현해 볼 수 있겠습니다.

'네가' → '내가'
'너 때문에~, 네가~하지 않아서, 네가~나빠서' → 내가 무엇을 원해서 / 중요해서 / 필요해서

분노(화) 뿌리는 어디에 있을까요?

*

생각 프레임 변화 이후에는 분노(화)의 자극과 원인을 구별할 줄 알아야 합니다. 일반적으로 우리는 특정한 순간과 상황에 타인이 했던 말·행동 때문에 분노(화)가 일어났다고 생각합니다. 그러나 타인의 말·행동은 나의 부정적 감정이 발동되는 데 자극이 되었을 뿐 원인은 아닙니다. 나의 분노(화)의 진짜 원인은 타인의 말·행동을 보고 내가 어떻게 생각하느냐에 있습니다. 사람은 각자의 인생에서 다양한 경험을 통해 '옳다, 그르다, 맞다, 틀리다'라고 믿는 일종의 신념이 형성됩니다. 예를 들어 어떤 상황에서 '반드시, 꼭, 마땅히, 당연히 이렇게 했어야만 해!'이런 뿌리 깊은 생각이 신념이라고 할 수 있습니다. "너는 나한테 소리 지르지 말았어야지! 숙제를 미리 했어야지!"하는 이런 당연하다는 생각, 즉 신념이 분노(화)의 원인이 됩니다. 같은 상황, 같은 말과 행동을 보고 어떤 사람은 분노(화)가 일어나지만, 또 어떤 사람은 괜찮은 이유가 여기에 있습니다. 이렇듯 자신의 신념에 위배되는 타인의 말·행동을 보고 '옳지 않다, 틀렸다.'라는 생각이 드는 순간 마음 안에서 부정적 감정의 스위치가 켜지게 됩니다.

나의 사고과정, 신념 이면에는 내가 그 순간에 진짜 중요하게 생각하는 어떤 욕구가 있습니다. 욕구는 분노의 뿌리입니다. 그래서 분노(화)의 진짜 원인을 찾고 나면 감정의 뿌리인 욕구를 찾아야 합니다. 챕터3 NVC(비폭력 대화) 마음 연결 대화 4가지 요소-느낌(감정)에서 '느낌(감정)은 욕구 충족 여부를 알려주는 신호등'이라고 말했습니다. 이와 마찬가지로 분노(화)가 일어났다는 것은 그 순간 내가 중요하게 생각한 어떤 욕구가 충족되지 않았다는 것을 의미합니다.

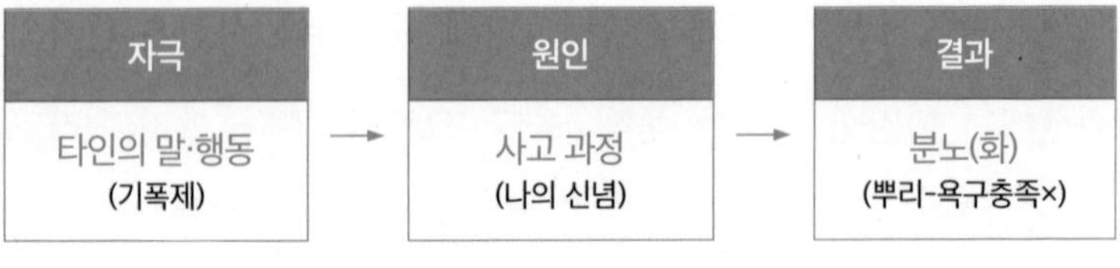

결론적으로 우리가 분노(화)가 일어난다는 것을 인지한다면 먼저 자극과 원인을 구분하고 그 이면에 나의 어떤 욕구가 충족되지 않았는지 생각해 봄으로써 자신의 마음을 깊이 있게 들여다보면서 돌볼 수 있어야 합니다.

지혜롭게 분노(화)를 표현하는 방법이 있어요

*

분노(화)가 일어났을 때 자신의 마음을 돌보고 난 이후에는 분노를 지혜롭게 표현하는 방법을 익혀야 합니다. 분노(화)를 표현하는 방법은 5단계로 나눠서 살펴보도록 하겠습니다. 1단계, 어떤 부정적 감정이 느껴질 때는 '내가 지금 화가 나는구나! 분노(화)가 올라오는구나!' 인지하는 순간 멈춥니다. 왜냐하면 분노(화)가 일어났을 때는 대개 후회하는 말이나 행동을 할 가능성이 높고, 상대를 벌주고 싶은 마음도 강하게 올라오기 때문입니다. 그래서 우선은 멈춰야 합니다.

때로는 내가 머리를 좀 식히기 위해서 장소를 떠나고 싶은 마음이 들 때도 있습니다. 장소를 떠날 때 가장 중요하게 생각해야 될 점은 상대에게 시간이 필요하다는 나의 욕구를 말하고 그 자리를 떠나는 것입니다. 그 순간 내가 어떤 부정적인 강한 감정을 느끼고 있다면 상대 역시 굉장히 강한 부정적 감정을 느끼고 있을 확률이 높습니다. 그런데 아무 말도 없이 떠나버리면 상대는 자신이 할 수 있는 최악의 상상을 하게 됩니다. 결과적으로 연결보다는 단절로 가기 쉬운 상황이 발생합니다. 이런 상황을 방지하기 위해 나의 욕구를 말하고 떠나는 것이 중요합니다. "나 지금 너무 화가 나서 그러는 데 좀 시간이 필요해. 이 상태로는 내가 나중에 후회할 말을 할 수도 있을 것 같아. 더군다나 나는 우리 관계가 너무나 중요해서 그러는데 우리 한 시간 후에 다시 얘기 나누면 어떨까?"라고 시간이 필요하다는 욕구를 말하고 나서 머리를 식히러 갔다 오면 마음이 전보다 편안해져서 상대의 마음을 들여다 볼 마음에 여유가 생깁니다. 상대 역시 기다리면서 나하고 대화할 수 있는 마음의 여유가 생깁니다.

2단계, 깊이 숨을 쉬는 겁니다. 심호흡을 한 3회 정도 하는데, 중요한 점은 들숨보다는 날숨을 좀 더 길게 내뱉습니다. 그리고 날숨에 나의 어떤 긴장, 감정적인 부분을 실어서 내보낸다는 생각을 하면서 심호흡을 합니다. 몸을 이완시키면서 시간을 갖습니다.

3단계, 마음 안에서 일어나는 비판적인 생각들을 인식하는 겁니다. 비판적인 생각들을 마셜 로젠버그는 '자칼'이라고 표현했습니다. 마음 안에서 일어나는 어떠한 생각이든지 괜찮습니다. 분

5단계 분노(화) 표현하기
1 멈추기
2 깊이 숨 쉬기
3 비판적 생각 인식하기(자칼 쇼 보기)
4 비판적 생각 이면의 나의 욕구 찾기
5 NVC(관찰, 느낌(감정), 욕구, 부탁)로 솔직하게 표현하기

노(화)가 일어날 때는 내면 안에서 계속 비판적인 생각이 올라옵니다. 상대에 대한 비판일 수도 있고 나 자신에 대한 자기 비난일 수도 있습니다. 어떤 것이든 상관없이 환영합니다. 왜냐하면, 비판적인 생각 이면에는 내가 진짜 중요하게 생각했던 욕구가 있기 때문에 욕구를 찾기 위해서는 이런 다양한 비판적인 생각들을 환영해야 합니다. 이 과정을 NVC(비폭력 대화) 마음 연결 대화에서는 '자칼 쇼보기'라고 합니다.

4단계, 비판적 생각 이면의 나의 욕구를 찾습니다. 타인 비난과 자기 비난의 양 갈래 비판적 생각 속에서 내가 그때 뭐가 중요했고, 필요했고, 원했는지 나의 욕구를 찾습니다. 그리고 에너지와 연결합니다.

마지막 5단계, 나의 분노(화)를 타인에게 직접적으로 표현할지 여부를 선택합니다. 만약에 내가 표현하기로 선택했다면 그때는 챕터3 솔직하게 말하기에서 살펴보았듯이 NVC(비폭력 대화) 마음 연결 대화 4요소인 관찰-느낌-욕구-부탁의 순서로 내 마음을 솔직하게 표현해 봅니다. 처음에는 많이 어색하고 어려울 수 있습니다. 하지만 용기 내어 자신의 마음을 솔직히 표현해 보시기를 바랍니다.

자기 공감 솔루션으로 평안을 찾으세요

*

분노(화)가 일어날 때 할 수 있는 '자기 공감 솔루션'에 대해 알아보겠습니다. 신혼인 미선 씨는 시어머니와 갈등을 겪고 있습니다. 맞벌이를 하고 있는 미선 씨는 금요일 새벽에 출장을 가서 늦은 밤이 돼서야 집에 돌아왔습니다. 녹초가 돼서 곯아떨어진 미선 씨는 늦잠을 자고 있었습니다. 이윽고 토요일 오전의 단잠을 깨우는 전화벨이 울립니다. "시아버지도 그렇고 나도 그렇고, 아들 며느리 얼굴 좀 보고 싶다. 오후에 올 수 있냐?"는 시어머니의 전화였습니다. 미선 씨는 출장 다녀오느라 너무 피곤하기도 했고 또 시댁방문은 계획에 없던 일이라 순간 고민이 됐습니다. 그래서 "어머니, 저희는 다음번에 갈게요!"라고 거절을 했습니다. 미선 씨는 통화 이후 한참 시간이 흐른 뒤 시댁에 방문했는데 시어머니의

분노(화)가 일어날 때. 자기 공감 솔루션

❶ 분노(화)가 일어났던 상황 떠올려보기

❷ 관찰하기[자극]

"나는 ________ 을 보고, 들었다"

❸ 평가(생각)[원인]

"나는 화가 났을 때 마음속으로 상대에게 '너는 ________ 했어야해 / 하지 말았어야지'라고 말하고 있었어"

ex: 너는 나에게 소리 지르지 말았어야지!

숙제를 어제 미리 했어야지

거짓말하지 말았어야지

❹ 신념[반드시/꼭/마땅히/당연히 이래야만 해]: 내가 그렇게 해야 한다고 믿는 것

'나는 나 자신에게 ________ 한다고 말하고 있구나/생각하고 있구나'

※생각하면 생각할수록 화가 나네…. 이것은 그만큼 나한테 중요한 것이라는 뜻이다.

❺ 나의 비판적 생각 이면의 욕구 찾기

(욕구) 내가 중요/필요/ 원했던 것: ____________________

⑥ 나의 욕구를 인식하고, 자기 공감 말하기

⑦ 자기 공감이 충분히 이루어지고 나면, 상대방의 마음도 추측해 보자

(1) 그 상황에서 상대의 관찰: ______________________

(2) 그 상황에서 상대의 느낌: ______________________

(3) 그 상황에서 상대의 욕구: ______________________

(4) 그 상황에서 상대의 부탁: ______________________

태도가 너무 냉랭해서 당황스러웠습니다. 냉랭한 기운이 감도는 주방에서 저녁 식사를 준비하고 있던 중 갑자기 시어머니는 미선 씨에게 "너는 시댁 알기를 우습게 아는 것 같다."라고 말씀하셨습니다. 미선 씨는 그 순간에는 손사래를 치면서 "어머니 아니에요. 제가 무슨 시댁을 우습게 알아요!"라고 말했지만, 집에 돌아오는 내내 시어머니의 그 말이 머릿속에 맴돌고, 점점 마음 깊은 곳에서부터 분노(화)가 올라오는 것이 느껴졌습니다.

미선 씨의 자기 공감 솔루션 내용을 살펴보겠습니다.

❶ 스트레스 상황, 분노(화)가 일어났던 상황 떠올리기

미선 씨는 시어머니와의 통화, 그리고 통화 이후 시댁에 방문했던 때를 떠올렸습니다.

❷ 관찰하기[자극]

시어머니의 차갑고 냉랭한 태도와 "너는 시댁을 우습게 아는 것 같다."라는 말이 자극이 되었습니다.

❸ 평가·생각[원인]

미선 씨는 분노(화)가 일어났을 때 속으로 '시어머니면 일하는 며느리를 이해하고 배려해 줬어야지.', '어른이라면 아랫사람을 보듬어 줬어야지.', '어른이라도 아랫사람한테 막말하지 말았어야지!'라는 생각들이 올라왔습니다.

❹ 신념[반드시/꼭/마땅히/당연히 이래야만 해]

미선 씨는 '나는 이해받고 배려받아야 한다고 생각하고 있구나!', '나는 타인에게 좋은 말을 해야 된다고 생각하고 있구나!'라는 생각이 들었습니다. 그리고 그 속에서 배려, 이해, 좋은 말을 써야만 한다는 자기 자신의 신념을 찾아냈습니다.

❺ 비판적 생각 이면의 욕구 찾기

미선 씨는 시어머니가 맞벌이하는 며느리를 공감해 주고, 이해해 주고, 배려해 주는 것이 중요하다고 생각했고, 시어머니가 자신에게 그렇게 해주기를 원했습니다. 그리고 평소에 자신을 딸처럼 생각한다는 어머니의 말과 태도의 '일관성', 갑자기 전화해서 시댁에 오라고 말하는 것이 아니라 나도 내 시간을 계획적으로 쓰고 싶은 시간에 대한 '예측 가능성', 그리고 나도 귀한 사람으로 여김을 받고 싶은 '존재감' 같은 것들이 중요했다는 것을 알았습니다.

❻ 나의 욕구를 인식하고 자기 공감 말하기

위의 내용들을 종합해서 자기 공감하는 말을 연결하여 적어봅니다. 미선 씨는 '나는 공감 받고, 이해받고, 배려받는 것 그리고 딸처럼 생각한다는 말과 일치되는 일관된 태도로 나를 귀하게 여겨주는 게 너무나 중요했구나. 그래서 그때 그렇게 당혹스럽고, 울화가 치밀고, 화가 났었구나!'라고 적었습니다. 그리고 자신의 입으로 이 글을 소리 내어 읽어봅니다. 소리 내어 읽는 순간 왈칵 눈물이 흐르면서 마음 안의 분노(화)가 서서히 가라앉는 것을 느낍니다.

❼ 자기 공감이 충분히 이루어지고 나면, 상대방의 마음도 추측해 보자

①그 상황에서 상대의 관찰: 시어머니는 미선 씨와 통화하면서 "어머니, 저희는 다음에 갈게요."라고 말하는 것을 들었을 때

②그 상황에서 상대의 느낌: 서운한, 섭섭한, 실망스러운, 당혹스러운, 약 오르는

③그 상황에서 상대의 욕구: 친밀한 관계, 소통, 유대, 공동체, 수용

④그 상황에서 상대의 부탁: 일하느라 많이 바쁘겠지만 앞으로는 더 자주 전화하고 얼굴 보여줬으면 좋겠다. (구체적인 전화·방문 횟수를 생각해 본다면 더 좋습니다)

앞으로 일상을 살아가시면서 분노(화)가 일어나는 상황이 생기신다면 이렇게 미선 씨의 사례를 참고하여 '자기 공감 솔루션'을 해보시기 바랍니다. 솔루션의 순서에 따라 나의 사례를 써보는 것만으로도 분노(화)가 일어났던 마음이 어느 순간 조금씩 가라앉는 걸 느낄 수 있을 것입니다. 솔루션 이후 자기 공감이 충분히 되어 마음의 평안을 찾으신 상태에 도달하신다면 더 나아가 상대의 마음도 추측해 봄으로써 타인 공감도 꼭 시도해 보시기 바랍니다.

2
하드코어 감정과 생각에서 해방되기

우리는 누구나 각자의 삶의 과정, 어떤 장면에서 상대의 말이 내 마음에 비수가 되어 꽂히기도 합니다. 큰 상처가 됐던 말은 틈만 나면 내 머릿속을 헤집어 놓으며 마음을 힘들게 하고, 한없이 가라앉게 만들기도 합니다. 이런 말을 '하드코어 말'이라고 합니다. 예를 들어 "지금 하는 일 때려치우고 공무원 준비나 해라!", "왜 그렇게 밖에 생각을 못 해!", "더 이상 너를 좋아하지 않아!", "넌 그 정도 여유도 없니!", "나도 네 업무 하고 싶다! 쉬워 보여", "생각을 좀 하고 살아!", "너는 이것도 못 해!", "네가 뭐라고 하던 하나도 도움이 안 돼!"와 같은 말입니다. 사람마다 하드코어가 되는 말은 다릅니다. 여러분도 자신을 오랫동안 힘들게 했던 이런 하드코어 말은 없는지 생각해 보시기 바랍니다. 이번 장에서는 하드코어 말을 들었을 때 마음 안에서 올라오는 감정과 생각은 무엇인지 알아보고, 그런 감정과 생각에서 해방될 수 있는 구체적인 방

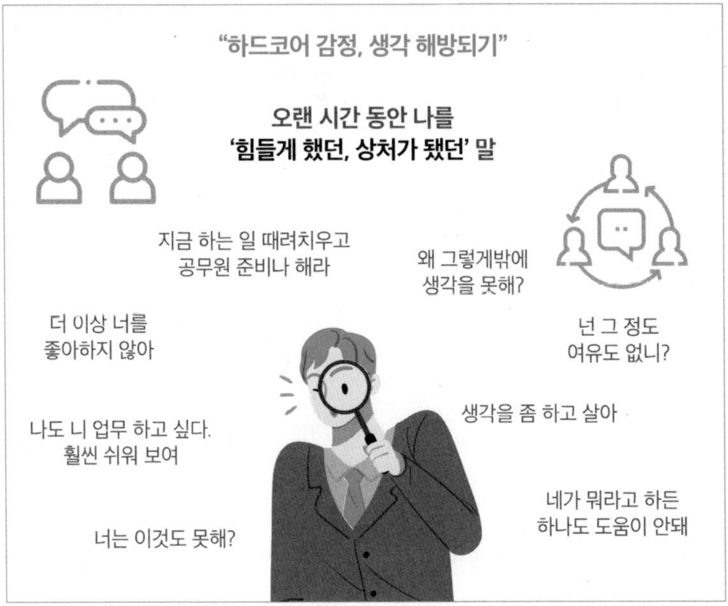

법에 대해 살펴보겠습니다.

4가지 선택지가 있어요

*

하드코어 말을 들은 이후 마음이 오랫동안 힘이 들고, 감정이 계속 가라앉을 때 할 수 있는 '4가지 선택-자기 공감 솔루션'이 있습니다. 방법은 다음과 같습니다. 나에게 하드코어가 됐던 말이 무엇인지 적습니다. 그리고 마음속에서 일어나는 비판적인 생각

내가 듣기 힘든(하드코어) 말 쓰기: ______________	
1 타인 비난	2 자기 비난
3 자기 공감 • 관찰: • 느낌(감정): • 욕구:	4 타인 공감 • 느낌(감정): • 욕구:

중에 첫 번째 그 순간에 타인한테 하고 싶었는데 못했던 '타인 비난'의 말을 씁니다. 두 번째는 '자기 비난'에 대한 말도 올라오면 그 말도 한 번 적어봅니다. 세 번째는 NVC(비폭력 대화) 마음 연결 대화 관찰, 느낌(감정), 욕구로 '자기 공감'의 말을 정리하여 적어봅니다. 그리고 마지막은 '그 사람은 그때 나한테 왜 그랬을까?' 생각하면서 타인의 느낌(감정), 욕구를 정리해 적어보고 '타인 공감'도 해봅니다.

강의 현장에서 실습을 해본 결과 세 번째 '자기 공감'까지는 할 수 있는데, 마지막 '타인 공감'은 하기 어렵다고 말씀하시는 분들이 종종 있습니다. 내가 아닌 타인의 느낌(감정), 욕구를 추측하는 것이 어렵기도 하지만, 아직 응어리진 마음이 풀리지 않아 '타인 공감'을 하기 싫다고 하는 분들도 있습니다. 그럴 때는 굳이 '타인 공감'을 하려고 노력하지 않아도 된다고 말씀드립니다. 왜냐하면 앞에서 말씀드린 것처럼 우선 '자기 공감'이 충분해야 '타인 공감'이 가능하기 때문입니다. 내가 마음이 좀 여유로워야 다른 사람을 돌보고 돌아볼 수 있습니다. 우선 '자기 공감'을 충분히 하여 자기 연결을 하는 것이 중요하기 때문에 '타인 공감'이 어렵거나 하기 싫을 때는 굳이 안 해도 됩니다. 우리는 선택할 수 있습니다.

직장인인 현미 씨는 최근 친구를 만나 직장생활에 대한 친구의 고민을 들어주고 조언도 해줬습니다. 그런데 친구가 자신의 조언을 듣고 "나는 네가 뭐라고 하던 하나도 도움이 안 돼!"라고 말했습니다. 나름 최선을 다해 들어주고 조언도 해주었는데, 이런 대답이 돌아오니 힘이 빠지고 기분이 상하였습니다. 그 이후 친구의 말이 맴돌아 잠도 오지 않고, 기분이 자꾸 가라앉습니다. 현미 씨는 '4가지 선택-자기 공감 솔루션'을 해보았습니다.

첫 번째, 타인 비난의 칸에는 '하도 힘들다고 해서 기껏 생각해서 말해줬더니, 아니 왜 저래? 아니 내가 하는 말 하나도 안 들을 거면서 왜 나한테 얘기한 거야! 도대체 이해할 수가 없네! 아니 그럴 거면 제발 앞으로 티 내지 말고 혼자 끙끙거려!'라고 적었습니다.

두 번째, 자기 비난의 칸에는 '내가 너무 뜬구름 잡는 소리만 했나? 나는 현명한 해결책 같은 거는 제시할 수 없는 그런 모자란 사람인 건가?'라고 적었습니다.

세 번째, 자기 공감의 칸에는 '그 말을 들으니까. 불편하고 거북하고 분하고 열 받는다. 나는 네가 정말 걱정스러워서 더 이상 힘들지 않았으면 좋겠다고 생각했어! 그래서 내가 가진 걸 다 동원해서 진심으로 널 돕고 싶은 마음이었어!'라고 NVC(비폭력 대화) 마음 연결 대화의 관찰, 느낌(감정), 욕구를 적었습니다. 현미 씨는 세 번째 자기 공감까지만 하기로 선택했습니다. 선택 후 소리 내어 자기 공감의 글을 읽으면서 스스로 토닥토닥 해주니 마음이 평온해지는 것을 느꼈다고 합니다.

직장인 동철 씨는 최근 동료에게 "너는 그렇게밖에 못하니?"라는 비난의 말을 들었습니다. 이 말은 동철 씨에게 하드코어의 말이 되었습니다. 직장생활을 하는 내내 그 동료의 얼굴을 볼 때마다 그때 느꼈던 감정이 되살아나 정말 오랫동안 힘들었습니다. 동철 씨도 그때를 떠올리며 '4가지 선택-자기 공감 솔루션'을 해보았습니다.

첫 번째, 타인 비난의 칸에는 '그러는 너는 얼마나 잘하길래!

너는 해놓은 게 뭐가 있다고 나한테 그런 말을 하는 거야! 내가 보기에 너는 나한테 그런 말 할 자격 안 되거든! 어디서 지적질이야! 너나 잘해!'라고 적었습니다.

두 번째, 자기 비난의 칸에는 '진짜 동료의 말처럼 내가 부족한가? 부족한 사람인가? 다 내 잘못이라서 내가 저런 소리를 듣는 건가?'라고 적었습니다.

세 번째, 자기 공감 칸에는 NVC(비폭력 대화) 마음 연결 대화의 관찰, 느낌(감정), 욕구로 정리하여 '내가 그 말을 들었을 때 당황스럽고 마음이 아팠다. 나는 나대로 노력한다고 하는 것에 대해서 이해받고 인정받고 싶었고, 우리가 다 같이 이해하고 따뜻한 방식으로 이야기하고 살기를 원한다.'라고 적었습니다.

동철 씨는 세 번째 자기 공감에서 나아가서 네 번째 타인 공감까지 시도해 보았습니다. 네 번째 타인 공감의 칸에 '저 동료는 뭔가 나한테 실망스러운 것이 있었나? 다른 결과를 원해서 나한테 그렇게 말한 건가?' 이렇게 동철 씨는 동료의 느낌과 욕구를 추측하여 적어보고 그 사람을 이해해 보려고 노력하는 동안 마음이 좀 더 가벼워지는 것을 느꼈다고 합니다.

"혹시 자기 공감이 어려운가요?"

내 마음의 **'무게 중심'**은 어디에 있나요?

그때는 나도 그럴만한 이유가 있었어요

*

'4가지 선택-자기 공감 솔루션'에서 가장 중요한 것은 '자기 공감'을 통한 '자기 연결'입니다. 그런데 이 '4가지 선택-자기 공감 솔루션'을 강의 현장에서 실습해 보면 세 번째 '자기 공감' 부분이 너무 어렵다는 분들이 있습니다. 이유는 자기 공감의 칸에 많은 말을 적었지만 막상 소리 내어 읽어보고 실습을 해보면 그 모든 말들이 자기 공감의 말이 아니었기 때문입니다. 자기 공감의 칸에 적어만 놨을 뿐 내용은 여전히 타인을 비난하거나 자기를 비난하는 말들로 가득 차 있었습니다. 이렇게 타인 비난이나 자기 비난의 말이 계속 올라와서 자기 공감이 어려운 사람이라면 나의 마음은 어떤지 다시 한번 더 되돌아봐야 됩니다. '나는 아직 타인과

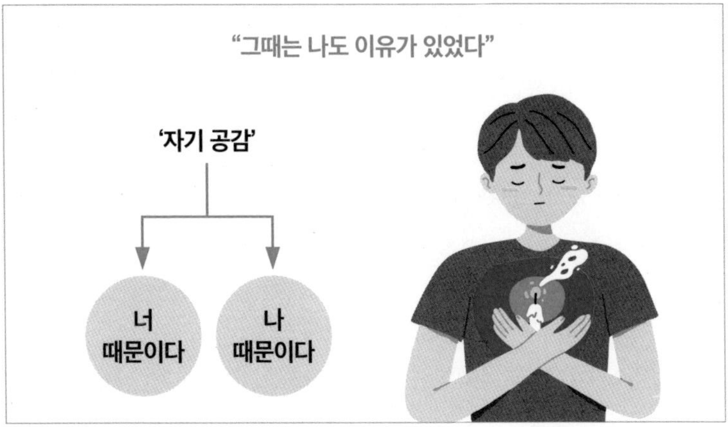

스스로를 비난하는데 머물러 있을 뿐 자기 공감까지 가지 못했구나! 내 마음의 무게 중심은 아직 타인 비난 쪽에 쏠려 있구나! 자기 비난 쪽에 쏠려 있구나!'라고 내 마음의 중심이 어디에 있는지 살펴볼 필요가 있습니다.

자기 공감이 어렵다는 것은 다 이유가 있습니다. 그것은 나에게도 타당한 이유가 있기 때문에 여전히 '너 때문이다.', '나 때문이다.'라는 타인 비난과 자기 비난의 말이 많이 올라오는 것입니다. 이럴 때는 나의 타당한 이유를 되돌아보면서 나의 마음을 토닥이는 '너 때문이다 or 나 때문이다 솔루션'이 필요합니다. 때에 따라서 만약 타인 때문이라는 생각이 강하게 올라온다면 '너 때문이다 솔루션', 나의 잘못이라는 생각이 더 강하다면 '나 때문이다 솔루션'을 해보시기 바랍니다.

생각할수록 내가 더 옳아요

*

'타인 때문이다'라는 생각이 강하게 올라와서 자기 공감이 어려울 때는 '너 때문이다 솔루션'을 해볼 수 있습니다. 방법은 다음과 같습니다. 첫 번째, 그때 상황을 생각하고 적어봅니다. 두 번째, 그때 나의 느낌이 어땠는지 적습니다. 세 번째, 그때 충족되지 않았던 욕구가 무엇인지 한 번 살펴봅니다. 네 번째, 그때 내가 그렇게 한 이유(욕구)를 생각해 보고 적어봅니다. 마지막 다섯 번째, 그때 나의 욕구와 충족되지 않았던 욕구 모두를 충족할 수 있는 방법은 어떤 것이 있을까 적어봅니다.

너 때문이다 솔루션

1	상황 생각하기	
2	그때 나의 느낌(감정)은?	
3	그때 충족되지 않았던 욕구	
4	그때 내가 그렇게 한 이유(욕구)	
5	모두 충족할 수 있는 방법은?	

직장 생활 2년 차인 세라 씨는 새로 입사한 신입사원의 사수가 되었습니다. 그 신입은 사내에서 누구나 다 아는 낙하산이었습니다. 낙하산 신입은 근태도 좋지 않았을 뿐 아니라 업무도 제대로 하지 않았습니다. 사수로서 그 모습을 보다 못한 세라 씨는 신입을 회의실로 불러서 따끔하게 혼을 냈습니다. 며칠 후 부장님이 세라 씨를 불렀습니다. 이유는 왜 낙하산 신입을 혼냈냐는 것이었습니다. 그리고 그때 '계집애 둘이 싸워서 조직 분위기를 흐렸다!'라는 말을 하셨습니다. 그 말을 듣고 세라 씨는 너무 억울하고, 짜증나고, 분노, 화가 치밀어 올랐습니다. 세라 씨는 사수로서 신입 후배를 올바르게 가르치는 것이 중요하다고 생각했습니다. 그리고 이런 자신의 행동이 조직에서 마땅히 당연히 인정받아야 하는 것이라고 생각했습니다. 그런데 인정은커녕 자신을 비난하고 질책을 하는 것에 대해 화가 많이 났습니다. 세라 씨는 '4가지 선택-자기 공감 솔루션'을 해보았습니다. 그런데 '자기 공감' 부분이 잘되지 않았습니다. 왜냐하면 여전히 팀장과 낙하산 신입 때문이라는 생각이 강하게 올라왔기 때문입니다.

세라 씨는 진정한 '자기 공감'과 '자기 연결'을 하기 위해서 '너 때문이다 솔루션'을 이어서 했습니다. 세라 씨에게 "그때 나의 느낌은 어땠나요?"라고 물으니 그때는 너무 당혹스럽고, 억울하고, 짜증 나고, 분노하고, 화나고, 서러웠다고 합니다. 이런 부정적 느낌(감정)이 올라왔던 것은 그때 충족되지 않았던 욕구 때문입니다. 세라 씨가 그때 진짜 원했던 것은 배려 받는 것, 나도 이 팀의 팀원이라는 유대감, 그리고 사수로서 잘한 행동이라고 인정받는 것이 필요했습니다. 그때 세라 씨가 그렇게 한 이유는 사수로서 후배를 올바르게 가르치는 것이 중요했기 때문입니다. 이렇게 내가 그때 왜 그랬어야만 했는지, 나에게도 타당한 이유가 있었다는 것을 스스로 생각하고 정리해 보면 한결 '자기 공감'을 하기 쉬워집니다.

1	상황 생각하기
	근태도 나쁘고, 업무처리를 제대로 하지 않는 신입을 혼냈다. 그 후 부장님이 나를 불러 혼냈다.
2	그때 나의 느낌(감정)은?
	억울함, 짜증남, 분노, 화
3	[지난 날 행동에 대한 애도 단계] 그때 충족되지 않았던 욕구
	배려, 유대, 인정
4	[자기 자신을 용서하는 단계] 그때 내가 그렇게 한 이유(욕구)
	가르침

은우 씨는 아들을 키우는 아버지입니다. 은우 씨는 아들이 친구를 때렸다는 학교 선생님의 전화를 받고 아들을 체벌하였습니

다. 물론 부모로서 옳지 못한 행동이었고, 후회되고 죄책감도 들지만 그때는 부모로서 이유가 있었고 아들이 잘못했기 때문이라는 생각이 많았습니다. 그래서 "그때 느낌(감정)은 어떠셨어요?"라고 물으니, 무엇보다 상대 부모에 대한 미안함이 컸고, 우리 아들이 다른 아이를 때렸다는 사실에 좀 놀라고 화나고 실망스러웠다고 합니다. 그리고 "아이를 때렸을 때 충족되지 않았던 욕구는 무엇이었나요?"라고 물으니 아들에게 정서적인 안정을 주면서 진정으로 이해해 주고 소통하면서 친구를 때린 행동이 잘못됐다는 것을 가르치고 싶었는데 그게 안 됐다고 합니다. "그러면 그때 진짜로 중요했고 원했던 게 무엇이었는데, 아이를 때리셨어요?"라고 물으니, 그때는 아이한테 공동체의 중요성을 알려주고 싶었다고 합니다. 네가 이렇게 친구를 때리는 행동을 하면 너로 인해 분위기가 안 좋아지고 공동체가 무너질 수 있다는 것, 친구 사이에 상호 존중하는 게 중요하고, 친구를 때리면 친구가 아프다는 것을 아들이 공감할 수 있도록 가르쳐 주고 싶었다고 합니다.

'너 때문이다 솔루션' 이후 은우 씨는 마음이 전보다 한결 가벼워졌지만 '다음에 또 같은 상황이 일어나면 어떡하지?' 이런 걱정이 앞선다고 말했습니다. 만약 같은 상황이 반복된다면 '너 때문이다 솔루션'을 통해 욕구를 살펴봤기 때문에 이제는 양쪽 모든 욕구를 충족할 수 있는 방법은 없는지 찾아야 합니다. 시간은 걸리더라도 계속 생각하다 보면 양쪽 모든 욕구를 충족할 수 있는 방법은 얼마든지 찾을 수 있습니다.

은우 씨의 사례를 예로 들어보겠습니다. 우리 아들이 다른 친구를 때리는 일이 또다시 발생한다면 그때는 체벌을 먼저 하는 것이 아니라 우리 아들도 뭔가 이유가 있을 수 있으니 아들의 마음을 물어보는 방식으로 다른 방법을 선택할 수 있습니다. 아들에게 이유를 물어보는 행동은 아들과 소통을 할 수 있고, 그 과정에서 아이를 이해할 수 있고, 정서적인 안정도 주면서 아이한테 공동체의 중요성과 공감의 중요성, 상호 존중의 중요성을 알려줄 수 있는 방법일 수 있습니다. 이렇게 아들에게 이유를 먼저 물어봅니다. 그리고 아들한테 이유를 듣고 나면 이렇게 표현해 줄 수 있습니다. "아빠는 전화를 받고 너무 깜짝 놀랐어! 우리 아들이 친구를 때렸다고 하니까 너무 놀랐는데, 아빠는 우리 아들이 친구들하고 즐겁게 놀고 안전하게 노는 게 정말 중요해! 그런데 이야기를 들어보니까, 우리 아들한테도 이유가 있었네! 우리 아들이 다음번에 또 그런 순간이 오면 친구를 때리지 않고 너의 생각을 전달할 수 있는 다른 방법을 생각했으면 좋겠는데 어떻게 할 수 있을까?"라고 말하면서 아들과 함께 상의도 할 수 있습니다. 이렇게 고민하고 생각하다 보면 얼마든지 우리의 양쪽 욕구를 충족할 수 있는 방법을 찾을 수 있습니다.

1	상황 생각하기	아들이 친구를 때렸다는 전화를 받았다
2	그때 나의 느낌(감정)은?	미안함, 수치심, 부끄러움, 죄책감, 걱정됨
3	[지난날 행동에 대한 애도 단계] 그때 충족되지 않았던 욕구	아이와의 소통, 이해, 정서적 안정
4	[자기 자신을 용서하는 단계] 그때 내가 그렇게 한 이유(욕구)	공동체의 중요성, 상호 존중, 공감
5	모두 충족할 수 있는 방법은?	아들에게 이유를 먼저 물어본다 함께 방법을 찾아보려고 노력한다

생각할수록 나 때문인 것 같아요

*

이번에는 '나 때문이다'라는 자기 비난의 생각이 강하게 들 때 할 수 있는 '나 때문이다 솔루션'을 알려드리겠습니다. 우리가 어떤 실수를 하거나 어떤 말을 하고 나서 후회가 될 때가 있습니다. '그때 내가 왜 그랬을까?', '그때 이렇게 했어야 했는데….', '이 바보! 어쩜 그렇게 어리석은 짓을 또 저질렀니?', '너 어떻게 된 거 아니

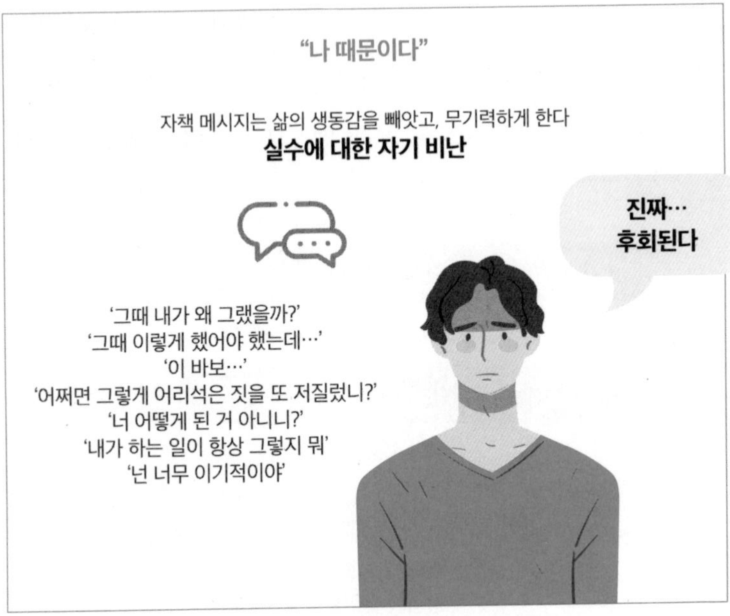

니?', '내가 하는 일이 그렇지 뭐!', '넌, 너무 이기적이야!' 등 스스로가 자책하는 이런 메시지들이 있습니다. 이런 자책의 메시지들은 삶의 생동감을 빼앗고 무기력하게 만듭니다.

솔루션 방법은 다음과 같습니다. 첫 번째, 내가 했던 실수의 말, 후회되는 것들을 생각합니다. 두 번째, 마음속에서 스스로 자책하는 내면의 교육자 말이 있습니다. 그 말이 무엇인지 적고 그 말속에서 내가 진짜 원했던 욕구를 찾습니다. 세 번째, 욕구가 충족되지 않았을 때 어떤 느낌이 드는지 상상해 봅니다. 네 번째, 그때 내가 그렇게 실수하는 말을 할 수밖에 없었던 욕구가 무엇인지도 한 번 살펴봅니다. 다섯 번째 마지막으로 자신에게 부탁하는 말을 써보면서 자신의 실수에 대해 스스로 용서하고 애도하는 시간을 가집니다.

나 때문이다 솔루션

1	내가 했던 후회되는 말, 행동		
2	자신을 비판하는 말	내면의 교육자의 말	욕구
		1 2 3	
3	욕구 충족이 안 될 때 느낌 (감정)		
4	내가 그때 그렇게 한 이유 (욕구)		
5	[자기 용서하기] 자신에게 부탁하는 말		

취준생인 강인 씨는 얼마 전 부모님과 대화를 하다가 너무 화가 나서 자신도 모르게 "아빠, 엄마가 나한테 해준 게 뭐가 있어!"라는 말을 했습니다. 홧김에 한 말이지만 이후 자꾸 죄책감이 들고 힘든 감정이 올라왔습니다. 강인 씨는 '나 때문이다 솔루션'을 해보았습니다.

<table>
<tr><td>1</td><td>내가 했던 후회되는 말, 행동</td><td colspan="2">'아빠, 엄마가 나한테 해준 게 뭐가 있어!</td></tr>
<tr><td rowspan="2">2</td><td rowspan="2">자신을 비판하는 말</td><td>내면의 교육자의 말</td><td>욕구</td></tr>
<tr><td>1 나는 이기적이다
2 나는 부모님 아들이 될 자격이 없다
3 나는 형편없는 놈이다</td><td>• 감정 표현.
• 자랑스러운 아들되기.
• 부모님에 대한 감사표현 하고 싶었음</td></tr>
<tr><td>3</td><td>욕구 충족이 안 될 때 느낌 (감정)</td><td colspan="2">아쉬움, 실망스러움, 슬픔, 좌절감</td></tr>
<tr><td>4</td><td>내가 그때 그렇게 한 이유 (욕구)</td><td colspan="2">경제적 지원, 도움, 지지, 응원, 관심</td></tr>
</table>

강인 씨에게 "그 말을 하고 나서 자책하는 메시지는 어떤 게 좀 올라왔나요?" 물었더니 '나는 이기적이다. 나는 부모님의 아들이 될 자격이 없다. 나는 형편없는 놈이다.'라는 자책하는 메시지가 강하게 올라왔다고 합니다. 그리고 "이 말속에서 진짜 중요한 욕구는 무엇이었나요?"라고 물으니 진짜 자기가 원한 건 부모님 탓을 하지 않고 내가 이만큼 좌절하고 있다는 것, 자신의 감정을 잘 표현하고 싶었다고 합니다. 그리고 부모님의 헌신, 돌봄, 사랑, 고마움에 대해서 감사함도 좀 표현하고 싶었고, 부모님한테 무엇보다 자랑스러운 아들이 되고 싶었다고 합니다. 그래서 "이런 욕구가 충족되지 않았을 때를 한 번 생각하면 어떤가요?"라고 물으니, 너무 아쉽고, 실망스럽고, 슬프고, 좌절감이 든다는 느낌(감정)

"자기 공감, 얻는 것"

명료함

나는 왜 나 자신을 질책해 왔는지
명료하게 정리된다

연민

자신을 용서하고 수용, 자신에 대한 연민과 사랑을
느낄 수 있게 된다

자기에게 힘 실어줌

비슷한 상황이 생겼을 때 나와 타인의 욕구를 배려하며
다른 행동을 선택할 수 있다

을 표현했습니다. 그럼에도 불구하고 "그때 왜 그런 말을 했나요? 그때 뭐가 중요했나요?"라고 물으니, 강인 씨는 그때 당시에는 부모님한테 경제적으로 지원받고 도움받는 것, 그리고 지지받고 응원받는 것, 관심받는 것들이 너무 중요해서 자기도 모르게 엄마 아빠한테 상처를 주는 말을 하게 됐다고 합니다. 이렇게 나의 마음을 알아볼 수 있는 솔루션을 차근차근 해보면서 강인 씨는 스스로를 용서하고 애도하는 시간을 가졌습니다.

'나 때문이다 솔루션'을 직접 해보면 그동안 내가 왜 그렇게

나 자신을 자책해 왔는지를 명료하게 정리할 수 있습니다. 그리고 자신을 스스로 용서하고 수용할 수 있고 자신에 대한 연민과 사랑도 느낄 수 있습니다. 그리고 무엇보다도 비슷한 상황이 생겼을 때 나와 타인의 욕구를 함께 배려하면서 다른 행동을 선택할 수 있습니다. 다른 행동을 선택함으로써 나 자신한테 힘을 실어줄 수 있다는 것이 자기 공감을 통해서 얻을 수 있는 것들이라고 할 수 있습니다.

3

자기 돌봄,
에너지 가득 채우기

이번에는 신체적, 정신적으로 지치고 힘들어서 타인의 마음까지 돌아볼 여력이 없는 상태여서 타인 공감이 어려울 때 자신을 스스로 돌보고 에너지를 가득 채울 수 있는 '자기 돌봄 솔루션'에 대해서 알아보겠습니다.

강요 No! 선택하며 살고 싶어요

삶을 살다 보면 '나는 어떤 것을 해야만 해! 무엇을 하지 않으면 안 돼!'처럼 해야만 한다고 생각하는 것들이 있습니다. 예를 들어, '나는 매일 밥을 해야만 해!', '나는 애들 숙제를 도와줘야만 해!', '나는 더 착한 사람이 되어야만 해!', '나는 돈을 더 벌어야만 해!' 이렇게 스스로 해야만 한다고 강요하는 것들이 있습니다. 사람이

라면 누구에게나 자율성과 선택의 자유가 정말 중요합니다. 그런데 외부에서 해야만 한다고 우리에게 강요한다면 우리는 분노할 것입니다. 반면 나 스스로 해야만 한다고 강요할 수도 있는데, 이런 내면의 강요는 우리를 우울하게 만듭니다. 왜냐하면 강요를 받게 되면 삶의 생동감, 활기, 즐거움 같은 게 없어지기 때문입니다. 그래서 우리가 생동감을 가지고 즐겁게 살아가기 위해서는 해야만 해서 하는 것이 아니라 내가 기꺼이 그렇게 하겠다고 선택해야합니다.

내면에서 오는 자기 강요 뒤에는 대게 죄책감, 두려움 같은 감정과 생각이 밑바닥에 깔려있습니다. 그 생각들은 돈이나 지위를 얻기 위한 것일 수도 있고, 타인으로부터 인정이나 사랑을 얻기 위해서 일 수도 있으며, 의무감이나 벌 받는 것을 피하려는 마음, 수치심, 죄책감을 피하고 싶은 마음에서 나옵니다. 그리고 이러한 생각들을 깊이 있게 따라 들어가 보면 그 행동을 선택함으로써 자신이 돌보고자 하는 욕구를 찾을 수 있습니다. 그 욕구를 찾아 자신의 에너지와 연결하여 행동할 때 생동감과 자유를 경험하게 됩니다. 우리는 언제나 자신의 삶을 선택할 수 있습니다. 선택하는 삶은 전과 똑같은 일을 하더라도 아주 다른 에너지로 할 수 있게 해 줍니다.

포기 안 하고 더 행복해질 수 있어요

*

직장인인 현주 씨는 최근 코로나에 걸려 크게 아프고 난 후 면역력이 많이 약화되었습니다. 그 후 '나는 일찍 자야만 해! 이런 건 먹지 말아야만 해! 운동을 해야만 해!' 등 건강을 지키기 위한 자기 강요의 목소리가 마음 안에서 커지게 되었습니다. 그리고 이런 행동들은 결과적으로 현주 씨가 건강을 지키는 것, 마음의 안정, 규칙적인 생활과 함께 시간 예측이 가능하기를 원하는 욕구들을 충족시켜 주었습니다. 하지만 마음 한구석에는 후회되고 미련이 남습니다. 왜냐하면 일찍 자고 일찍 일어나는 행동을 하기 위해서는 그만큼 친구들과의 즐겁고 재미있는 시간을 보내는 것, 친밀하게 소통하는 것들을 포기해야 되기 때문입니다. 현주 씨의 사례처럼 일반적으로 사람들은 '하나를 선택하면 다른 하나를 포기해야 한다.', '하나를 포기하고 나니 후회되고 미련이 남는다.'고 합니다. 하지만 선택이 꼭 다른 하나를 포기하는 것을 의미하지는 않습니다.

가정주부인 혜원 씨는 명절 때마다 시댁에 가야만 하는 것이 고민입니다. 명절에 시댁에 가는 행동을 선택하면 시댁 식구들과의 친밀함, 소속감 그리고 남편과의 사랑, 부모님을 돌보는 것, 아이들에게 명절 문화에 대해 가르치는 욕구들이 충족됩니다. 하지만 이걸 선택하고 나면 휴식과 편안하고 싶은 욕구는 충족되지 못하고, 때로는 시댁 식구들끼리만 아는 얘기를 할 때는 소외되는 느낌(감정)이 들기도 합니다. 혜원 씨는 잠시 생각에 빠졌습니다. 과연 해야만 하는 것을 선택했을 때 다른 하나를 포기해야만 하는 걸까? 양쪽 욕구를 모두 돌볼 수 있는 수단·방법은 없을까? 고민해 보았습니다.

고민 결과 선택 갈등에서 해방되고 즐거움이 생길 수 있는 방법을 찾게 되었습니다. 혜원 씨는 시댁에 내려가는 길에 남편에게 "여보, 친구들 만나러 나갈 때는 부부 동반으로 나간다고 얘기하고 같이 나갈 수 있게 해줘."라고 부탁했습니다. 새로운 방법으로 혜원 씨는 이제 시댁에도 가고, 남편하고 중간에 친구 만나러 나가서 즐겁고, 편안하고, 휴식도 취할 수 있게 되었습니다. 이렇게 혜원 씨의 사례처럼 고민하다 보면 양쪽의 욕구를 다 돌볼 수 있는 수단·방법을 얼마든지 찾을 수 있습니다.

해야만 한다 솔루션

1	내가 해야만 하는 것	
2	선택, 충족되는 욕구	
3	선택, 충족 안 되는 욕구	
4	양쪽을 다 돌볼 수 있는 수단·방법	

감사함, 표현하면 충만해져요

*

우리의 하루를 가득 채울 수 있는 긍정적이고 강한 에너지를 만들기 위해서 감사하기 훈련만큼 강력한 것은 없습니다. 긍정 심리학에서 긍정성을 훈련할 수 있는 단연 최고의 방법은 바로 '감사하기'라고 얘기합니다. 이런 감사하기 훈련의 효과는 신경심장학

(neurocardiology)이라는 학문을 통해서도 입증이 됐습니다. 우리는 예로부터 심장을 마음과 감정의 상징으로 여겨왔습니다. 그래서 마음과 감정의 변화가 심장 박동과 어떤 연관이 있을까 연구를 해봤는데, 연구 결과 심장 박동을 가장 이상적으로 유지시켜 주는 것이 바로 '감사하기'였다고 합니다.[24]

'감사하기'는 내가 할 때도, 받을 때도 모두 즐거운 일이지만 때로는 불편하게 느껴질 때도 있습니다. 이유는 어떤 선생님이나 상사 역할을 하는 사람들이 생산성을 높이거나 성적을 높이기 위한 수단·방법으로 감사의 말을 사용하기 때문입니다. 그래서 감사의 말을 듣고 '또 뭘 시키려고 저런 말을 하는구나!', 칭찬하는 소리를 듣고도 '기대에 못 미치면 어떡하지? 부담스럽다.' 이런 생각이 들기도 합니다.

감사 표현을 막는 생각이 있나요?

☆

사람은 진심에서 우러난 감사와 인정을 받고 싶어 합니다. 그런데 우리 마음 안에는 감사 표현을 하려고 할 때 주저하게 만드는 생각들이 있습니다. '내가 감사 표현을 제대로 못 하면 어떡하지?', 내가 어떤 감사 표현을 했을 때 상대가 나한테 '숨은 의도가 있는 거 아니야? 저거 가짜 아니야? 저거 좀 뭔가 있는 것 같다! 진실하지 않다'는 평가가 있을까 봐 두렵기도 합니다. 내가 감사하게 생각하고 있다는 것을 상대도 이미 알고 있을 것이라고 단정 짓고 있는 경우에도 감사 표현을 못 하게 됩니다. 그리고 내가 감사 표현을 하게 되면 상대는 자신이 당연히 해야 되는 일을 한 것일 뿐이라며 감사 표현을 대수롭지 않게 생각할 수 있다는 생각도 감사 표현을 못 하게 만드는 이유 중의 하나입니다.

존 파웰(John Powell)는 『사랑에 머무는 비밀(The Secret of Staying in Love)』이라는 책에서 아버지가 살아계시는 동안에 감사하는 마음을 표현하지 못한 슬픔에 대해 얘기합니다.[20] 존 파웰의 이야기처럼 인생을 살아가면서 우리 삶에 긍정적이고, 강력한 영향을 미친 사람들에게 감사한 마음을 전하지 못한다는 건 얼마나 슬픈 일일까요? 우리는 상대방이 내가 말을 하지 않아도 알 것이라고 생각하지만, 감사의 마음은 표현하지 않으면 절대 알지 못합니다. 마음은 말로 표현해야 알 수 있습니다.

감사 표현, 이렇게 해 보세요

☆

나의 삶 속에서 나에게 큰 도움을 주었거나 긍정적인 영향을 미친 사람들이 있습니다. 그런 감사한 대상이 있을 때 NVC(비폭력 대화) 마음 연결 대화의 관찰, 느낌(감정), 욕구 요소를 이용하여 더 진정성 있게 감사 표현을 할 수 있는 방법에 대해서 알아보도록 하겠습니다.

방법은 다음과 같습니다. 첫 번째, 내가 어떤 사람한테 감사하고 싶은지 대상을 생각합니다. 두 번째, 그 사람의 어떤 행동과 말이 감사했는지 관찰을 한 번 적어봅니다. 세 번째, 그 사람의 행동과 말이 그때 당시 나의 어떤 욕구를 충족시켜 주었는지 욕구를 적어봅니다. 네 번째, 욕구가 충족되었을 때 나의 느낌(감정)을 적습니다. 마지막은 위의 4가지 내용을 하나로 정리하여 감사의 말을 적어 보고, 일상에서 실제로 감사 표현을 해봅니다.

일과 육아를 병행하고 있는 희선 씨는 친정엄마에게 감사 표현을 하고 싶었습니다. 희선 씨가 첫 아이를 낳고 직장생활을 다시 시작할 무렵 친정엄마는 희선 씨 집으로 오셔서 3년 동안이나 아이를 돌봐 주셨습니다.(관찰) 그 당시 출산 후 몸도 약해져 있었고, 일도 병행해야 하는 상황에 희선 씨는 지원, 배려, 보살핌이 절실했습니다. 그리고 무엇보다 믿을 수 있는 친정엄마가 아이를 돌봐주기 때문에 신뢰, 안전, 사랑의 욕구들도 충족이 되었습니다.(욕구) 희선 씨는 지금도 그때 생각만 하면 가슴이 뭉클하고 든든하

고, 감사하고, 힘이 솟는 느낌입니다.(느낌)

희선 씨는 NVC(비폭력 대화) 마음 연결 대화의 관찰, 욕구, 느낌(감정) 3가지 내용을 하나로 정리하여 감사 표현의 글을 써보았습니다. "엄마! 내가 첫 아이를 낳고 직장생활을 다시 시작했을 때 우리 집에 와서 3년 동안이나 우리 지현이 봐 줬잖아. 그때 나는 진짜 보살핌받고 지원받고 배려받는 것 그리고 우리 지현이가 다른 사람 손에 맡겨지지 않고 안전하게 크는 것, 신뢰, 사랑 이런 것이 너무 중요했는데 엄마가 이렇게 해 줘서 진짜 가슴 뭉클하고 든든하고 감사했어요. 지금 생각해도 너무 힘이 나요. 정말 감사해요!"

내가 하고 싶은 감사, 솔루션

1	누구	
2	관찰	
3	욕구 충족	
4	느낌(감정)	
5	감사 표현하기	

듣고 싶은 감사 표현이 있을 때 해보세요

☆

때로는 내가 감사의 말을 듣고 싶을 때도 있습니다. 지금부터 내가 듣고 싶은 감사의 말이 있을 때 NVC(비폭력 대화) 마음 연결 대화 관찰, 느낌(감정), 욕구 3가지 요소를 이용해서 내 마음을 표현하는 방법에 대해 알아보겠습니다. 첫 번째, 누구에게 감사의 말을 듣고 싶은지 대상을 적습니다. 두 번째, 내가 감사의 말을 듣고 싶을 만큼 크게 기여한 행동과 말을 관찰에 적습니다. 세 번째, 그 행동과 말을 했을 때 느낌(감정)을 적습니다. 네 번째는 그 행동과 말을 했을 때 어떤 욕구가 충족되었는지 적어봅니다. 마지막으로 관찰, 느낌(감정), 욕구의 내용을 하나로 정리하여 내 마음을 표현하는 글을 적어봅니다.

지희 씨는 남편한테 듣고 싶은 감사의 말이 있습니다.(누구) 경제적으로 넉넉하지 못한 형편으로 신혼 생활을 시작했었던 지희 씨는 맞벌이를 열심히 해서 결혼 2년 만에 첫 집을 장만했습니다.(관찰) 새집으로 이사를 하던 날은 정말 가슴이 벅차오르고 감동적이었습니다.(느낌) 그때의 느낌은 앞으로도 잊지 못할 것 같습니다. 적은 월급으로 양가 경조사도 잘 챙기고, 알뜰살뜰하게 살림하고, 저축도 열심히 해서 정말 빠른 속도로 내 집 마련에 성공하였다는 점에 대해서 남편에게 아내로서의 노력, 헌신, 기여에 대해서 감사하다는 말을 듣고 싶습니다.(욕구) 물론 남편이 마음으로는 자신을 얼마나 사랑하고 아끼고, 고마워하는지 알지만 그래도 자신의 귀를 통해 남편에게 감사의 말을 듣고 싶었습니다.

지희 씨는 이렇게 자신의 마음을 '내가 듣고 싶은 감사 솔루션'으로 정리해 보았습니다. 그리고 남편과 저녁 식사를 하면서 이런저런 이야기를 나누다가 솔루션으로 정리해 본 자신의 마음을 NVC(비폭력 대화) 마음 연결 대화의 관찰, 느낌(감정), 욕구로 표현하였습니다. 지희 씨의 말을 듣고 눈시울이 붉어진 남편은 입을 열어 지희 씨에게 진심으로 고맙고 감사하다는 말을 해주었습니다. 지희 씨 역시 남편에 대한 감사함과 사랑을 또 한 번 표현하였습니다. 짧은 감사의 표현이지만 뭔지 모르게 가슴이 벅차오르는 느낌이 들고, 둘 사이가 더 단단하고, 끈끈하게 연결되었습니다.

내가 듣고 싶은 감사, 솔루션

1	누구	
2	관찰	
3	욕구 충족	
4	느낌(감정)	
5	감사표현하기	

마지막으로 챕터4의 내용을 정리해 보겠습니다. 타인을 공감하기 어렵거나 싫을 때는 나 자신이 충분히 공감 받지 못했기 때문일 수 있습니다. 그래서 '타인 공감'을 하기 위해서는 '자기 공감'과 '자기 연결'이 선행되어야 합니다. 내가 상대방보다 더 옳다는 생각이 강하게 올라올 때는 챕터 4에서 제시한 다양한 '자기 공감 솔루션', 내가 신체적·정신적으로 지치고 힘들어서 상대방을 돌아볼 여력이 없어서 공감이 힘들 때는 '자기돌봄 솔루션'을 통해 자신을 돌보고 에너지를 가득 채우시기 바랍니다. 이 책을 읽으시면서 여러분의 상황에 맞는 적절한 솔루션이 무엇인지 살펴보셨다면, 머리로만 이해하고 끝나는 것이 아니라 우리 삶의 다양한 장면에서 다양한 관계 속에서 꼭 활용해 보시기 바랍니다. 부디 '자기 공감', '자기 연결'뿐 아니라 '타인 공감'과 '타인 연결'까지 나아가셔서 진정한 연결, 그동안의 관계 갈등, 아픔, 상처에서 해방되는 데 도움이 되기를 진심으로 바랍니다.

느낌(감정) 목록(Feelings List)

※이 느낌말 목록은 완전한 것이 아닙니다. 자신의 느낌말을 더 추가해보십시오.

욕구가 충족됐을 때 감동받은, 뭉클한, 감격스런, 벅찬, 환희에 찬, 황홀한, 충만한, 고마운, 감사한, 즐거운, 유쾌한, 통쾌한, 흔쾌한, 경이로운, 기쁜, 반가운, 행복한, 따뜻한, 감미로운, 포근한, 푸근한, 사랑하는, 훈훈한, 정겨운, 친근한, 뿌듯한, 산뜻한, 만족스런, 상쾌한, 흡족한, 개운한, 후련한, 든든한, 흐뭇한, 홀가분한, 편안한, 느긋한, 담담한, 친밀한, 친근한, 긴장이 풀리는, 차분한, 안심이 되는, 가벼운, 평화로운, 누그러지는, 고요한, 여유로운, 진정되는, 잠잠해진, 평온한, 흥미로운, 재미있는, 끌리는, 활기찬, 짜릿한, 신나는, 용기 나는, 기력이 넘치는, 기운이 나는, 당당한, 살아있는, 생기가 도는, 원기가 왕성한, 자신감 있는, 힘이 솟는, 흥분된, 두근거리는, 기대에 부푼, 들뜬, 희망에 찬

욕구가 충족되지 않았을 때 걱정되는, 까마득한, 암담한, 염려되는, 근심하는, 신경 쓰이는, 뒤숭숭한, 무서운, 섬뜩한, 오싹한, 겁나는, 두려운, 진땀나는, 주눅든, 막막한, 불안한, 조바심 나는, 긴장한, 떨리는, 조마조마한, 초조한, 불편한, 거북한, 겸연쩍은, 곤혹스러운, 멋쩍은, 쑥스러운, 괴로운, 난처한 답답한, 갑갑한, 서먹한, 어색한, 찜찜한, 슬픈, 그리운, 목이 메는, 먹먹한, 서글픈, 서러운, 쓰라린, 울적한, 참담한, 한스러운, 비참한, 속상한, 안타까운, 서운한, 김빠진, 애석한, 낙담한, 섭섭한, 외로운, 고독한, 공허한, 허전한, 허탈한, 쓸쓸한, 허한, 우울한, 무력한, 무기력한, 침울한, 피곤한, 노곤한, 따분한, 맥 빠진, 귀찮은, 지겨운, 절망스러운, 실망스러운, 좌절한, 힘든, 무료한, 지친, 심심한, 질린, 지루한, 멍한, 혼란스러운, 놀란, 민망한, 당혹스런, 부끄러운, 화나는, 약 오르는, 분한, 울화가 치미는, 억울한, 열 받는, 짜증나는

캐서린 한(2008), 인간관계 소통을 위한 비폭력대화 NVC

욕구 목록(Needs List)

자율성

자신의 꿈, 목표, 가치를 선택할 수 있는 자유
자신의 꿈, 목표, 가치를 이루기 위한 방법을 선택할 자유

신체적 / 생존

공기, 음식, 물, 주거, 휴식, 수면, 안전, 신체적 접촉(스킨십), 성적 표현, 따뜻함, 부드러움, 편안함, 돌봄을 받음, 보호받음, 애착 형성, 자유로운 움직임, 운동

사회적 / 정서적 / 상호의존

주는 것, 봉사, 친밀한 관계, 유대, 소통, 연결, 배려, 존중, 상호성, 공감, 이해, 수용, 지지, 협력, 도움, 감사, 인정, 승인, 사랑, 애정, 관심, 호감, 우정, 가까움, 나눔, 소속감, 공동체, 안도, 위안, 신뢰, 확신, 예측가능성, 정서적 안전, 자기 보호, 일관성, 안정성

놀이 / 재미

즐거움, 재미, 유머, 흥

삶의 의미

기여, 능력, 도전, 명료함, 발견, 보람, 의미, 인생예찬(축하, 애도), 기념하기, 깨달음, 자극, 주관을 가짐(자신만의 견해나 사상), 중요하게 여겨짐, 참여, 회복, 효능감, 희망, 열정

진실성

정직, 진실, 성실성, 존재감, 일치, 개성, 자기존중, 비전, 꿈

아름다움 / 평화

아름다움, 평탄함, 홀가분함, 여유, 평등, 조화, 질서, 평화, 영적 교감, 영성

자기구현

성취, 배움, 생산, 성장, 창조성, 치유, 숙달, 전문성, 목표, 가르침, 자각, 자기표현, 자신감, 자기 신뢰

캐서린 한(2008), 인간관계 소통을 위한 비폭력대화 NVC

세상은 그대의 의지에 따라
그 모습이 변한다.
동일한 상황에서도
어떤 사람은 절망하고
어떤 사람은 여유있는 마음으로
행복을 즐긴다.

그라시안

사랑받는 대화,
여러분도 할 수 있어요!

세대를 막론하고 누구나 사람이 인생을 살아가는 데 가장 중요한 요소 중 하나가 인간관계이고, 인간관계를 이어주는 수단이 '커뮤니케이션'이라는 사실에 동의할 것입니다. 그런 커뮤니케이션의 질을 결정하는 것이 바로 '공감'입니다. 보통 사람들은 자신의 정서적 상태를 타인과 공유하고 공감받고 싶어 하는 '공감 욕구'를 가지고 있습니다. 이것은 사람이라면 당연히 가지고 있는 지극히 자연스러운 욕구이자 행동이라고 할 수 있습니다. 커뮤니케이션 과정에서 공감 욕구가 충족되면 그 순간 마음과 마음이 연결되는 느낌이 들고, 더 깊이 있는 관계로 나아가게 됩니다. 최근 코로나 팬데믹 이후 사회적 거리 두기로 대면 소통보다 비대면 소통의 비중이 커지면서 공감은 우리 삶의 더욱더 중요한 요소가 되었습니다. '접촉'보다 '접속'이 많아진 시대에 사람들은 관계의 결핍, 소통의 부재로 '공감 갈증'을 더 많이 느끼고 있고, 또한 갈망하고 있기 때문입니다.

이렇듯 누구나 공감을 원하고, 중요하다고 생각하지만 주변을 살펴보면 진정한 공감이 무엇인지 제대로 알고 관계에 적용하는 사람은 극히 드뭅니다. 왜냐하면 우리는 살면서 진정한 공감은 어떤 것인지, 또 구체적으로 어떻게 하는 것인지 한 번도 배워본 적이 없기 때문입니다. 배운 적도 없고, 삶 속에서 마음을 울리는 진짜 공감을 받아본 경험도 적기 때문에 공감을 해주고 싶어도 방법 자체를 몰라서 못 해 주거나 나름 공감이라고 생각한 말과 행동이 상대에게는 공감이 아니라 상처가 되어 또 다른 관계의 장벽을 만들기도 합니다. 현대인들이 다양한 인간관계 속에서 갈등, 단절을 겪는 이유도 여기에 있습니다.

대화에는 진정성과 스킬 모두가 필요합니다. 스킬이 아무리 좋아도 진정성이 없으면 신뢰받는 사람이 되지 못합니다. 반대로 의도가 선하고 진정성이 있더라도 표현하는 방법, 스킬이 적절하지 못하면 진정성이 잘 전달되지 못합니다. 거듭 말씀드리지만 공감은 선천적으로 타고나는 능력이 아니라 후천적으로 학습이 필요하고, 또 학습이 가능한 영역입니다. 나의 선한 의도, 진정성을 잘 전달하는 사랑받는 대화를 하기 위해서 우리는 공감에 대해 학습하고, 부단히 소프트 스킬을 연습해야 합니다. 머리로만 아는

데 그치지 않고, 의식하지 않아도 내 몸에 자연히 배어 나오게 될 때 우리는 마음을 울리는 진짜 공감을 경험할 수 있을 것입니다.

저자인 저도 처음부터 사랑받는 대화를 할 줄 아는 사람은 아니었습니다. 그야말로 내가 하는 말이 자칼의 말인 줄도 모르고 말하는 전형적인 자칼형 인간이었습니다. 인간관계 갈등과 단절 속에서 어떻게 대화를 이어 나가야 할지 방법을 몰라 밤잠을 설쳐가며 고민했습니다. 때로는 공감 없는 관계에 염증을 느끼기도 하고 종종 외롭기도 했습니다. 하지만 진정한 연결을 갈망하며 공감에 대해 깊이 파고들어 공부하였습니다. 일상에서 부단히 연습하였습니다. 그러다 차츰 관계 갈등에 대한 고민이 줄어들기 시작했고, 마음과 마음이 연결되는 그 기쁨과 환희의 순간도 느끼게 되었습니다.

무엇보다 사랑받는 대화로 제가 얻은 건 마음의 평안입니다. 저는 이제 갈등이 생기면 제일 먼저 그 순간 나의 느낌(감정)과 욕구가 무엇이었는지 제 마음을 들여다보고 자기 공감 솔루션을 합니다. 자기 공감 솔루션으로 스스로 충분히 마음을 토닥이고 나면 상대방의 마음도 어떠했을지 추측해 보곤 합니다. 공감하기는 마음 맞히기 게임이 아닙니다. 사람들은 "그때 많이 슬펐겠다."라며 공감의 말을 했는데 상대가 "아니, 그때 슬픈 게 아니라 화가 났었어."라고 말하면 마음을 맞히지 못한 것 같아 민망하고 무안해 합니다. 이런 순간에는 마음을 맞히지 못했다고 실망하거나 민망해 하기 보다는 다시 그 사람의 말을 받아서 "아, 그때 화가 났었구나"라고 다시 마음을 그대로 읽어 주면 됩니다. 첫 시작이 어렵지 한 번 연습하고, 두 번 연습하다 보면 감정 공감뿐 아니라 그 사람이 그 순간에 진짜 무엇을 중요하게 생각했고, 필요했고, 원했는지 욕구까지 들여다보고 공감해 줄 수 있는 경지에 오르게 될 수 있습니다.

전형적인 자칼형 인간이었던 저도 부단한 연습을 통해 사랑받는 대화를 할 줄 아는 사람이 되었습니다. 사랑받는 대화, 여러분도 하실 수 있습니다! 이 순간 우리에게 필요한 것은 배운 것을 일상에서 연습해 보는 용기입니다. 용기 내셔서 꼭 마음이 연결되는 그 기쁨의 순간을 느껴 보시고, 인간관계 갈등에서도 해방되시길 진심으로 바랍니다.

저자 조한겸

삶은 새로운 것을
받아들일 때만 발전한다.
삶은 신선해야 하고
결코 아는 자가 되지 말고
언제까지나 배우는 자가 되어라.
마음의 문을 닫지 말고
항상 열어두도록 하여라.

라즈니쉬

행복을 자기 자신 이외의 것에서
발견하려고 바라는 사람은
그릇된 사람이다.
현재의 생활, 또는 미래의 생활,
그 어느 것에 있어서나
자기 자신 이외의 것에서
행복을 얻으려는 사람은
그릇된 사람이다.

소크라테스

1 김태훈(2015). 공감(Empathy)에 관한 연구. 한국초등도덕교육학회. 0(47). 1-28.
2 유의정 외 7인(2022). 디지털 라이프 리부팅. 서울: 북인사이트.
3 정혜신(2018). 당신이 옳다. 서울: 해냄.
4 강지남(2022. 03). "그 문제 내가 풀어줄게" 나서기보다 느긋하게 들어주는 지혜가 진짜 공감. 동아비즈니스리뷰 340호.
5 박민(2012). 인지적 공감과 정서적 공감: 정신병리와 심리재활에의 함의. 재활심리연구.
6 김동욱(2017. 04. 04). 인간관계 피로감 '관태기'에 빠진 청년들. 동아일보.
7 우종민(2014.07). 공감커뮤니케이션—어깨에서 힘빼는 순간, 공감의 세계로 스르르~. 동아비즈니스리뷰.
8 김경미(2019. 11. 11). 사람과 사람을 연결하는 힘, 공감. 네이버포스트.
9 나지영(2020.04.28.). [코로나19 이후] 직장-교육, 비대면 디지털 전

환 가속화. BIOTIMES.
10 김성환(2020. 12. 17). 인간이 AI스피커에 가장 많이 한 말은 '이것'. 파이낸셜뉴스.
11 박정규(2021. 08. 02). 직장인 41% "코로나19 이후 사내 소통 더 어려워져". 뉴시스.
12 안호균(2021. 07. 26). MZ세대 덮친 코로나블루… 20대女 우울증 36% 급증. 뉴시스.
13 강환웅(2020. 07. 02). 직장인들의 스트레스 원인 1위는?. 한의신문.
14 김수완(2020. 07. 04). "회사생활이요? 사람이 제일 힘들어요" 인간관계 어려워하는 직장인. 아시아경제.
15 오가희(2017. 03. 09). 당신이 SNS를 하는 이유는 ①공유 ②자랑 ③외로움 중 무엇?. 동아사이언스.
16 김지수(2021. 12. 11). "청년들 가장 외로워, 돈 주고 친구 산다… 외로움 경제 폭발할 것". 조선비즈.
17 김종명(2015). 절대 설득하지 마라. 서울: 에디터.
18 김종명 외 3인(2012). 코칭방정식. 서울: 정우서적.
19 박재연(2020). 나는 왜 네 말이 힘들까. 서울: 한빛라이프.
20 마셜B. 로젠버그(2017). 비폭력대화(캐서린 한 역) 서울: 한국NVC센터.
21 마셜B. 로젠버그·가브리엘레 자일스(2018). 상처주지 않는 대화(강영옥 역). 서울: 파우제.
22 이동한(2018). 슬기로운 감정생활. 서울: 비즈니스북스.
23 이재웅(2014. 01. 05). 희로애락 인간의 감정을 눈으로 본다?!. 동아사이언스.

24 김주환(2011). 회복탄력성. 서울:위즈덤하우스.

전체 참고문헌

- 세레나 루스트, 슈테판 슈투츠(2018). 기린과 자칼이 함께 춤출 때. 서울: 한국NVC센터.
- 루시 루(2019). 비폭력대화 워크북(한국NVC센터 역). 서울: 한국NVC 센터.
- 마셜 B. 로젠버그(2017). 분노의 놀라운 목적(정진욱 역). 서울: 한국 NVC센터.
- 아이크 래서터(2014). 직장인을 위한 비폭력대화(노태규 역). 서울: 바오출판사.
- 캐서린 한(2008). 인간관계 의사소통을 위한 비폭력대화NVC 1. 서울: 한국NVC센터.
- 캐서린 한(2008). 인간관계 의사소통을 위한 비폭력대화NVC 2. 서울: 한국NVC센터.
- 캐서린 한(2008). 인간관계 의사소통을 위한 비폭력대화NVC 3. 서울: 한국NVC센터.
- 실비아 해스크비츠(2016). 정말 배고파서 먹나요(민명기 역). 서울: 한국NVC센터.
- 멜라니 시어스(2016). 우리병원 대화는 건강한가(이광자 역). 서울: 한국NVC센터.
- 박재연(2020). 말이 통해야 일이 통한다. 서울: 비전과 리더십.

- 박재연(2020). 나는 왜 네 말이 힘들까. 서울: 한빛라이프.
- 우종민(2013). 스트레스 힐링. 서울: 원스티튜트.
- 곽유진 외 7인(2021). 슬기로운 소통생활. 서울: 출판이안.
- 이동한(2018). 슬기로운 감정생활. 서울: 비즈니스북스.
- 박해영(2005). 나의 해방일지 대본집. 파주: 다산북스.

사랑받는 대화법

초판 1쇄 인쇄	2023년 7월 7일
초판 1쇄 발행	2023년 7월 12일
지은이	조한겸
편집	윤조현
마케팅 총괄	임동건
마케팅 지원	안보라
경영 지원	이순미
펴낸이	송준기
펴낸 곳	파지트
디자인	페이퍼컷 장상호
출판 등록	제2021-000049호
제작 지원	플랜비디자인
주소	경기도 화성시 동탄원천로 354-28
전화	070-7672-1001
팩스	02-2179-8994
이메일	pazit.book@gmail.com

ISBN 979-11-92381-71-8 03320